Zum Lehrbuch »Va bene« stehen Ihnen ergänzende Materialien zur Verfügung, mit deren Hilfe Sie Ihren persönlichen Lernerfolg steigern können. Wir wünschen Ihnen viel Spaß und Erfolg.

Chiara de Manzini-Himmrich/
Johanna Meusel
Arbeitsbuch
224 Seiten, kt. DM 20,50
ISBN 3-19-015136-9

Es enthält zu jeder Unità des Lehrbuchs eine Vielzahl von Übungen, mit denen Sie Hören, Sprechen, Lesen und Schreiben trainieren können. Außerdem finden Sie nützliche Vorschläge für das Lernen zu Hause und einen systematischen Überblick über die im Lehrbuch behandelte Grammatik.

Schlüssel zum Arbeitsbuch
64 Seiten, gh. DM 8,50
ISBN 3-19-075136-6

Dient der Eigenkontrolle und stellt Lösungsvorschläge zur Verfügung.

1 Cassette
Hörverständnisübungen aus dem Arbeitsbuch
66 min. DM 23,-- △
ISBN 3-19-065136-1

△ = unverbindliche Preisempfehlung

Bitte fordern Sie Ihr Material mit dieser Bestellkarte an!

FA

Bestellkarte zu »Va bene 1«

Ich bestelle ☐ gegen Rechnung ☐ gegen Nachnahme:

Anzahl	ISBN 3-19-	Titel	Preis/DM*
_____	015136-9	Arbeitsbuch...	20,50
_____	075136-6	Schlüssel zum Arbeitsbuch...........................	8,50
_____	065136-1	1 Cassette (Hörverständnisübungen).................	23,-- △
_____	085136-0	Alphabetischer Wortschatz	8,80
_____	035136-8	1 Cassette (Dialoge des Lehrbuchs).................	29,-- △
_____	006340-0	Italienischer Mindestwortschatz.....................	17,80

* Preisänderungen vorbehalten (Stand: 1.11.1990) △ = unverbindliche Preisempfehlung

Datum   Unterschrift

Alphabetischer Wortschatz
italienisch-deutsch
56 Seiten, gh. DM 8,80
ISBN 3-19-085136-0

Im Lehrbuch ist der Wortschatz nach Lektionen gegliedert. Um Ihnen das Nachschlagen zu erleichtern, haben wir zusätzlich einen alphabetischen Wortschatz entwickelt.

1 Cassette
Dialoge des Lehrbuchs
75 min, DM 29,-- △
ISBN 3-19-035136-8

Eine weitere Lernhilfe
Italienischer Mindestwortschatz
208 Seiten, kt. DM 17,80
ISBN 3-19-006340-0

Die Sammlung umfaßt etwa 3.400 Wörter und Ausdrücke mit ihren wichtigsten deutschen Entsprechungen. Es werden Beispiele und Wendungen gegeben, die Ihnen eine Vorstellung von der Verwendung des Vokabulars im Satzzusammenhang vermitteln.

Max Hueber Verlag · D-8045 Ismaning

Absender

_____
Name

_____
Vorname

_____
Straße/Nr.

_____
Postleitzahl/Wohnort

Bitte bestellen Sie bei Ihrer Buchhandlung.

Auskunft erteilt gern:
Max Hueber Verlag
D-8045 Ismaning

Antwort
Postkarte – Carte Postale

bitte frankieren

5136/2.4

Chiara de Manzini · Johanna Meusel

VA BENE

Der kommunikative Italienischkurs

Band 1

Max Hueber Verlag

Verlagsredaktion: Elisabeth Stiefenhofer, Ismaning
Layout: Erentraut Waldau, Ismaning
Zeichnungen: Joachim Schuster, Baldham
Umschlagfoto: Leonore Ander, München
Umschlaggestaltung: Dieter Bonhorst, München
Reproduktionen: Ignatius Storr, München und Typo 3000, München

Das Werk und seine Teile sind urheberrechtlich geschützt. Jede Verwertung in anderen als den gesetzlich zugelassenen Fällen bedarf deshalb der vorherigen schriftlichen Einwilligung des Verlages.

5. 4. | Die letzten Ziffern
1993 92 91 90 | bezeichnen Zahl und Jahr des Druckes.
Alle Drucke dieser Auflage können, da unverändert, nebeneinander benutzt werden.
2. Auflage 1987
© 1984 Max Hueber Verlag, D-8045 Ismaning
Satz und Druck: Allgäuer Zeitungsverlag, Kempten
Printed in the Federal Republic of Germany
ISBN 3–19–005136–4

Vorwort

Ein kommunikativer Italienischkurs, was ist das? Wir verstehen darunter ein Kursangebot, bei dem die Kommunikation im Vordergrund steht, d.h., die Verständigung von Mensch zu Mensch auf dem Weg über die italienische Sprache. Und weil manches an unserem Lehrwerk neu ist, möchten wir Ihnen die wichtigsten Merkmale von **Va bene** vorstellen.

Die tragenden Elemente für das gesamte Lehrwerk sind die Sprechabsichten, d.h., die grundlegenden Mitteilungsbedürfnisse, in die sich sprachliche Verständigung gliedern läßt (z.B. sich informieren, etw. wünschen, etw. vorschlagen usw.). Diese Sprechabsichten werden − quer durch die verschiedensten Bereiche (wie Kontaktaufnahme, Verabredungen, Dienstleistungsbetriebe usw.) − in vielen kleinen Dialogen verwirklicht. Wir liefern Ihnen also Bausteine, mit denen Sie eine Vielzahl von Situationen im persönlichen und touristischen Bereich sprachlich bewältigen können.

Vorteil für den Lerner: er eignet sich von vornherein Kenntnisse an, die einen hohen Übertragungswert haben und ihm eine größere sprachliche Beweglichkeit geben. Er lernt nicht nur das «touristische» Italienisch, sondern auch die Alltagssprache der Italiener kennen.

Grammatik wird in **Va bene** nicht zum Selbstzweck betrieben. Sie wird aus dem Sprachgebrauch heraus systematisch entwickelt und in Form von knappen, regelhaften Zusammenfassungen erläutert.

Vorteil für den Lerner: sein Lernprozeß wird nicht durch Grammatikpauken belastet, trotzdem bekommt er einen klaren Überblick über das grammatische System der Sprache.

Die einzelnen *Unità* (Einheiten nach Sprechabsichten) sind unterschiedlich lang, je nach der Anzahl der Bereiche, in denen eine Sprechabsicht zum Tragen kommt. Für das Lernen spielt dies keine Rolle, denn jede *Unità* ist in kleine Lernschritte unterteilt. Jeder Lernschritt wird durch eine schwerpunktmäßige Darstellung der neuen Grammatik und durch Partnerübungen (Symbol 👥) abgeschlossen. Mit Hilfe der Partnerübungen kann das neuerlernte Sprachmaterial in Gruppenarbeit und im Rahmen einer kommunikativen Situation eingeübt werden. Dem Einzellerner geben diese Übungen bei der Wiederholung zu Hause einen klaren Überblick über das Gelernte. Daneben bieten wir in einem getrennten Arbeitsbuch (Hueber-Nr. 1.5136) zu jedem Lernschritt vielseitiges und interessantes Übungsmaterial an, mit dem Sie entsprechend Ihrem Lerntempo und der verfügbaren Zeit individuell arbeiten können.

Vorteil für den Lerner: keine Überforderung durch zu große Lernschritte; ständiges Wiederholen des bereits Gelernten; klarer Überblick über den neuen Lernstoff.

Und damit Sie nicht nur lebendige Sprache lernen, sondern auch echte Informationen über Italien bekommen, enthält **Va bene** eine Fülle von Realien (Zeitungsschlagzeilen,

Originalanzeigen, Fahrplanauszüge, Werbung, Witze etc.), die sprachlich genau auf Ihre Kenntnisse abgestimmt sind. Den entsprechenden Wortschatz finden Sie im *Vocabolario*.

Darüber hinaus zeigen Ihnen Lesetexte, die thematisch auf den Inhalt der *Unità* ausgerichtet sind, Aspekte des italienischen Alltagslebens. Das Symbol ▭ besagt, daß der Text einfach ist und mit den vorhandenen Kenntnissen verstanden werden kann. Texte mit dem Symbol ■ sind sprachlich anspruchsvoller. Abgesehen von der Vermittlung landeskundlicher Information haben diese Texte auch die Aufgabe, Sie zur Auseinandersetzung mit Unbekanntem anzuregen. Sie lernen, einem fremden Text die wesentlichen Grundinformationen zu entnehmen, auch wenn Sie nicht jedes einzelne Wort verstehen. Der neue Wortschatz dieser Texte wird nicht in den Übungen aktiviert: er erscheint deshalb auch nicht im *Vocabolario*.

Wir hoffen, daß es uns gelungen ist, Ihnen mit dem ersten Band von **Va bene** den Zugang zur italienischen Sprache so leicht und attraktiv wie möglich zu machen und wünschen Ihnen viel Erfolg.

Inhalt

Verzeichnis der Unità und der landeskundlichen Texte

Unità 1	12	**Unità 7**	76
Unità 2	18	Nuovi orari di lavoro per vivere meglio	86
Qual è il Suo nome, signor Italia?	25	Ma non tutti hanno la possibilità di mangiare a casa	87
Parlare italiano, ma dove?	25		
Italiani in Germania	25	**Unità 8**	88
Unità 3	26	Le TV private in Italia	104
Telefonare in Italia, dove e come?	32	Si può vivere senza TV?	105
Unità 4	34	**Unità 9**	106
Dove va stasera, signor Rossi?	46	Matrimonio religioso o matrimonio civile?	115
Unità 5	48	La Germania e l'Austria invitano	120
Gli italiani in vacanza: quando e dove?	60	**Unità 10**	122
Vieni in vacanza in giugno	61	L'italiano a tavola	136
Unità 6	62	Cibi dietetici pronti da consumare	137
Gli italiani e il treno	69	Offerte varie	144
La ferrovia corre sicura	69	**Vocabolario**	146

Sprechintentionen	Bereiche	Grammatische Strukturen	

sich vorstellen (Name, Herkunft)
 	
sich begrüßen
 	
rückfragen
	Erste Kontakt-aufnahme	**Substantiv:** *Endung Sg. m.:* -o, -e; *Sg. w.:* -a
		Artikel, best.: *Sg. m.:* il, *Sg. w.:* la; *Pl. m.:* i
		  unbest.: *m.:* un
		Verb, unreg.: essere: sono, sei, è, … sono
		  höfl. Anrede: Lei è
		Personalpronomen: io, tu, lui, lei, Lei, … loro
		Negation: No, non …
		Adjektiv: *Angleichung an das Substantiv im Sg.:* italiano/-a; francese
		Possessivpronomen: il mio, il tuo, il suo, il Suo
		Fragepron.: chi? qual è …? come? di dove?
		Präposition: di (von: Herkunft)
		Konjunktion: e (und), ma (aber), o (oder)
			1

	Sprechintentionen	Bereiche	Grammatische Strukturen
2	sich über einen anderen informieren (Herkunft, Wohnort, Beruf, Familie, Aufenthaltsdauer, Aufenthaltsgrund, Sprachkenntnisse) Auskunft geben sich bedanken sich verabschieden	erweiterte Kontaktaufnahme Italiener in Deutschland Deutschsprachige in Italien	**Substantiv:** *Endung Pl.: m.* -o → -i; *w.* -a → -e; *m. und w.* -e → -i **Artikel, unbest.:** *w.:* una **Adjektiv:** *Angleichung an das Substantiv im Pl.:* italiani/-e; francesi **Verb, reg.:** *1.–3. P. Sg. der* -are-*Verben* unreg.: essere: siamo, siete **Personalpronomen:** noi, voi **Reflexivpronomen:** mi, ti, si (+ chiamare) **Possessivpronomen:** *Angleichung im Sg.:* mio/-a … Suo/Sua; il mio/ la mia … il Suo/la Sua **Fragepronomen:** da quando? quanto tempo? come mai? **Relativpronomen:** che (der, die, das) **Adverb:** solo (erst, nur), sempre (immer), adesso (jetzt), già (schon), ancora (noch), presto (bald), tardi (spät) **Präposition:** a (in, zu, auf/bis), in (in), con (mit), per (wegen, für), da (seit) *Präp. + Artikel:* a + la → alla **Konjunktion:** perché (weil), per (um zu), così (so, daher)
3	sich nach dem Befinden erkundigen sich nach persönlichen Gegebenheiten erkundigen (Telefon, Adresse) Auskunft geben	erweiterte Kontaktaufnahme	**Artikel, best.:** *Sg. m. und w.:* l' (vor Vokal); *Sg. m.:* lo (vor s + Kons., z); *Pl. w.:* le **Verb, unreg.:** stare: sto, stai, sta; avere (alle Formen), sapere (alle Formen) essere + **ci** (da): Antonio non c'è; non c'è male; non c'è di che **Personalpronomen:** *Akk.:* lo (non lo so) Unterschied **buono** (*Adj.*) – **bene** (*Adv.*) Unterschied **per favore** – **prego** **Fragepronomen:** perché? che …? **Zahlwörter:** 1–11 **Präposition:** da (von, aus), presso (bei), a (Dativ) *Präp. + Artikel:* a → al, all', ai **Konjunktion:** che (daß), se (wenn), però (aber, jedoch)

Sprechintentionen	Bereiche	Grammatische Strukturen	

nach einem Vorhaben fragen
 	
Auskunft geben
(auch über Befinden)
 	
andern etwas wünschen
	1. Arbeit, Studium
	
	2. Wochenende, Ferien
	
	3. Feste
	pers.: Geburt, Geburtstag, Hochzeit
	öff.: politische, kirchliche Feste, Volksfeste (sagre)
	
	4. Gesundheit
		Artikel, best.: *Pl. m.:* gli (vor Vokal, s + Kons., z); **unbest.:** *m.:* uno
		Adjektiv: buono: buona sera, buon viaggio, buono studio
		Verb, reg.: *1. P. Pl.* -iamo
		  unreg.: andare (a trovare, a prendere); stare: stiamo, state, stanno
		  Part. d. Verg.: stato/-a/-i/-e (gewesen)
		Unpersönliches **si** (man) + *Verb im Sg.*
		ci + *Verb:* esserci – ci siete; andarci – ci vai
		Personalpron.: mi (mi dispiace), ci (ci vediamo)
		Possessivpronomen *(nachgestellt)*: da parte mia
		Fragepron.: quando? dove? che cosa? a chi?
		Demonstrativpronomen: questo/-a/-i/-e
		Präposition: a (nach, an, auf), in (nach), da (zu, bei: Personen!)
		Präp. + Artikel:
		a → al, allo, all', alla; ai, agli, alle
		di → del, dello, dell', della; dei, degli, delle
			4

sich informieren nach Zeit (Uhrzeit, Tag, Datum, Monat) **einen Vorgang nach Zeit einordnen I** einen Terminvorschlag machen	Persönliche Verabredungen: Alltag, Unterricht, Besuche, Ferien	**Substantiv:** *Endung* -ista *m. und w.:* dentista **Verb, unreg.:** venire (a trovare, a prendere) **Personalpronomen:** ci (ci viene a trovare – viene a trovarci) **Possessivpronomen:** *im Pl. immer mit Artikel:* i miei, tuoi, suoi, Suoi; le mie, tue, sue, Sue *Possessivpron. nachgestellt:* a casa mia **Zahlwörter:** 12–59 **Uhrzeit:** Che ora è? Che ore sono? – È l'una, sono le due; alle due (um) **Datum:** Quanti ne abbiamo oggi? È il primo, il due; vengo il due (am) **Tageszeit:** stamattina, oggi pomeriggio, stasera **Wochentage, Monate** **Präposition:** verso (gegen), dopo (nach), fino a (bis), fra (zwischen), da … a … (von … bis …), senza (ohne), su (über) *Präp. + Artikel:* su → sulla da → dal, dallo, dall', dalla; dai, dagli, dalle	**5**

Inhalt 7

Sprechintentionen	Bereiche	Grammatische Strukturen
6 einen Vorgang nach Zeit einordnen II Auskunft erbitten über – Abfahrtszeiten – Ankunftszeiten – Zeitverschiebungen – Öffnungszeiten – Sprechzeiten Auskunft geben	Dienstleistungsbe-triebe 1. Öffentliche Verkehrsmittel: Eisenbahn, Bus, Schiff, Fähre, Flugzeug, Metro 2. Geschäfte, Tankstellen, Ausstellungen, Praxis	**Substantiv:** *unveränderte Endung im Plural: endbetonte Wörter* (città, possibilità); *Fremdwörter* (tram, autobus, pullman) *Ausnahme:* il cinema **Artikel:** *nach tutto:* tutto il giorno, tutti i giorni **Verb, reg.:** *Indikativ Präs. der* -are, -ere, -ire-*Verben (ausführlicher Überblick)* *Part. d. Verg.:* -are → -ato, -ire → -ito: arrivato/-a/-i/-e, partito/-a/-i/-e *(mit essere)*; telefonato, capito *(mit avere)* **unreg.** *Part. d. Verg.:* chiudere → chiuso; aprire → aperto **c'è** *(+ Subst. Sg.)* – **ci sono** *(+ Subst. Pl.)* = es gibt: c'è un treno ... ci sono alcuni treni *Konditional:* vorrei, vorrebbe *Reiner Infinitiv:* è possibile cambiare ..., è meglio domandare **Adjektiv:** *Komparativ:* più caro **Personalpronomen:** mi (mi va bene, mi sa dire) **Demonstrativpronomen:** quello/-a **Fragepronomen:** *Pl.:* quali (welche) **Zeitangaben:** fra 5 minuti (in), 5 minuti fa (vor); il treno delle 5; un'ora dopo **Präposition:** su (auf), fra (in: Zeitpunkt), per (nach: Richtung), sino a (bis), durante (während), prima di (vor: zeitl.) *Präp. + Artikel:* in → nel, nella, nei; su → sul, sull' **Konjunktion:** se (ob), per questo (deshalb), se no (sonst)

Sprechintentionen	Bereiche	Grammatische Strukturen	
von sich (und anderen) berichten: – Tagesabläufe zeitlich einordnen – Tagesabläufe begründen	**Alltag und Beruf:** üblicher Tagesablauf von Italienern verschiedener Regionen, Altersgruppen und sozialer Schichten	**Substantiv:** *Ausnahmen:* la radio, il programma, il collega **Adjektiv:** qualche *(+ Subst. Sg.!)* – alcuni/-e *(+ Subst. Pl.)* = einige **Verb:** *Reflex. Verben im Ind. Präs. u. Perfekt:* riposarsi: mi riposo … ci riposiamo; mi sono riposato/-a … ci siamo riposati/-e ebenso: alzarsi, trovarsi, sentirsi, occuparsi di …, interessarsi di …, informarsi di … *-ire-Verben mit Erweiterung* -isc: preferire, capire, finire, pulire **unreg.:** fare (alle Formen), dare (wie stare); avere bisogno di … (etw. brauchen) *unreg. Part. d. Verg.:* venire → venuto „zu" *vor Infinitiv:* di, a, da, *reiner Infinitiv* (nach unpers. Ausdruck) **Doppelte Verneinung:** non … mai **Personalpronomen:** mi (mi piace) **Reflexivpronomen:** mi, ti, si, ci, vi, si **Possessivpron.:** nostro/-a/-i/-e, vostro/-a/-i/-e, loro **Adverbien** zum Ausdruck der Häufigkeit: sempre, spesso, talvolta / qualche volta, ogni tanto, quasi mai, per lo più, di solito / in genere **Präposition:** vicino a – lontano da „in" *mit und ohne Artikel:* in centro – nel centro storico, in città – nella città vecchia **Jahresangabe:** nel 79, nell' 84 **Konjunktion:** se – quando (wenn), mentre (während), perciò (deshalb, deswegen, daher), siccome (da), altrimenti (sonst)	7

Sprechintentionen	Bereiche	Grammatische Strukturen
8 etwas vorschlagen **auf einen Vorschlag reagieren:** – positiv (zustimmen) – mit Vorbehalt (bedingt zustimmen) – negativ (ablehnen) – begründet ablehnen	**Gemeinsame Freizeitgestaltung:** Konzert, Theater, Kino, Sport, Spiel, Tanz, Stadtbummel, Ausflüge, Wochenendreisen, Restaurant, Feste, Fernsehen	**Verb, reg.:** *Part. der Verg.:* -ere → -uto: saputo, avuto **unreg.:** potere, uscire (alle Formen); volere: vogliamo *Gebrauch von* andare *und* venire *mit* con vado con lui, vengo con te fa *bei Wetterangaben:* fa caldo, fa freddo … *unreg. Part. der Verg.:* fatto, detto, letto, scritto; visto *Unpers.* **si** *(man) + Verb im Sg. u. Pl.:* si può fare una gita, si possono fare alcune gite **Personalpronomen:** *betont (nach Präp.):* con (da, per) me, te, lui, lei, Lei, noi, voi, loro **Possessivpronomen:** *mit unbest. Artikel:* un mio amico, una tua risposta **Doppelte Verneinung:** non – niente/nulla (nichts), non – nessuno (niemand), non – neanche (auch nicht) **Adjektiv:** bello *vor Substantiv:* bel, bello, bell', bella; bei, begli, belle *im Superlativ:* il film più bello di *vor Adjektiv:* niente di bello da vedere **Präposition:** davanti a (vor: räuml.) **Konjunktion:** dato che (da, weil) **Infinitivsatz** *mit Fragepronomen:* Non so che cosa fare, … come decidere, … dove andare **Relativsatz:** quello che (was)

Sprechintentionen	Bereiche	Grammatische Strukturen	
jemanden einladen auf eine Einladung reagieren – zusagen / bedingt zusagen – absagen / begründet absagen sich bedanken (Erweiterung)	Gastfreundschaft im persönlichen und offiziellen Bereich: Einladungen zu Essen, Filmvorführung, längeren Besuchen, Theater, gemeinsamen Ferien, Feiern (Examen, Abschied, Hochzeit)	**Substantiv:** *Ausnahmen:* il diploma, il problema **Verb, unreg.:** dovere (alle Formen), rimanere: rimanete; dire: diciamo *Unreg. Part. d. Verg.:* risolvere → risolto *Konditional:* sarei, sarebbe *Gerundium:* studiando, leggendo, dormendo, facendo *stare + Gerundium* (augenblickl. Handlung); *Gerundium im Kausalsatz; Verbindung von zwei Hauptsätzen.* **Personalpronomen** *im Akk.:* mi, ti, lo, la, La; ci, vi, li, le; *auch:* La ringrazio, La aiuto ... **Relativpronomen** *nach Präp.:* cui (... con cui ho parlato) **Demonstrativpron.:** questo/-a è; questi/-e sono **Adverb:** veramente, brevemente, cordialmente **Präposition:** entro (bis, innerhalb), tra (unter, zwischen), a causa di (wegen), in (in quattro = zu viert) **Konjunktion:** prima di (bevor), tanto più che (um so mehr als), finché (bis)	**9**
etwas anbieten auf ein Angebot reagieren: – annehmen – ablehnen	1. Gastfreundschaft: – Trinken – Essen 2. Hilfe	**Substantiv:** *Ausnahmen:* la mano – le mani; l'uovo – le uova; il dito – le dita **Verb:** ... occorre / occorrono, ... serve, servono *Imperativ 2. P. Sg.:* compra! metti! senti! pulisci! va'! fa'! sta'! non dimenticare! **unreg.:** bere, volere (alle Formen); piacere: piace – piacciono *Unr. Part. d. Verg.:* prendere → preso **Personalpronomen** *im Dativ:* mi, ti, gli, le, Le; ci, vi, gli, ... loro; Loro *(nachgestellt)* *auch:* telefonare, domandare, chiedere **Mengenangaben:** *bestimmte Menge:* un chilo di *unbestimmte Menge:* di + Artikel **Pronominaladverb:** ne, ci **Präposition:** sotto (unter) **Konjunktion:** oppure (oder aber)	**10**

Unità 1

1a

– Permette? Carla Conti.
– Christian Schulze.
– Piacere, signor Schulze!

1b

– Permette? Franco Curti.
– Helga Schiffer.
– Piacere, signora Schiffer!

2

– Permette? La signora Ducci, il signor Croce.
– Piacere, signora Ducci. Piacere, signor Croce.

| Carlo – **il** signor Conti: o = männl. Endung; | il = männl. Artikel |
| Carla – **la** signora Conti: a = weibl. Endung; | la = weibl. Artikel |

über die Person wird gesprochen:	*angesprochene Person:*
il signor Ducci	signor Ducci
la signora Ducci	signora Ducci

3

– Buona sera, sono Antonio Marchesi, e Lei?
– Ulrich Specht. Molto piacere, signor Marchesi!

6

– Io sono di Firenze, e Lei, signorina?
– Sono di Firenze anch'io.
– Ah sì? E anche i Bianchi?
– Lui sì, ma lei è di Lecce.

4

Ciao, io sono Chiara, e tu?

Livia. Livia Luciani.

5

– Tu sei Lucio, vero?
– Sì, sono Lucio Bacciani.
– Sei di Milano, no?
– No, sono di qui.

| **il** signor   Bianchi | |
| **la** signora Bianchi | } **i** Bianchi |

essere – sein	
essere di – stammen aus	
(io) **sono** – ich bin	Im Gegensatz zum Deutschen wird das Personalpronomen (persönliche Fürwort) „io" usw. nur gebraucht, wenn es betont ist! (z.B. nach *anche*)
(tu) **sei** – du bist	
(lui) } **è** – er } ist	
(lei) } – sie }	

7a

– Lei è il signor Bacci?
– Sì, sono Piero Bacci.
– È di qui?
– No, sono di Bari.

Lei è – Sie sind

Die höfliche Anrede „Sie" (Lei) für Herrn oder Dame erfolgt im Italienischen im Singular (Einzahl)!

7b

Tu **sei**	Claudio Franca ...		vero	Sì,	**sono**...
Lei **è**	il signor Croce la signora Frank la signorina Stein ...		no	No,	
Sei È	di	Roma Milano Amburgo Stoccarda Monaco ...			sono di...

Lucca: centro storico
Palermo: panorama

8

– E loro, chi sono?
– Sono Rocco Barbi e Luciana Catraro.
 Lui è di Palermo e lei di Lucca.

(io) **sono**	– (loro) **sono**
ich bin	– sie sind

9

– Qual è il Suo nome, signore?
– Io sono Carlo Macchi, e Lei?
– Il mio nome è Peter Heyse.
– Molto piacere, signor Heyse.

signor**e**	dottor**e**	professor**e**
aber: signor Heyse	dottor Carli	professor Berlendis

Lei non è di qui, vero?

10 *wie heißen Sie*

— Come si chiama, signorina?
— Scusi, non capisco …
— Come si chiama, il Suo nome, per favore! *wie heißen Sie, Ihr Name*
— Ah, il mio nome? Goslar. Johanna Goslar. *A, mein Name?*
— Molto piacere, signorina! È tedesca o svizzera? *angenehm*
— Sono tedesca.

11

— Scusi, Lei è il signor Dominici?
— No, non sono il signor Dominici, il mio nome è Bach.
— Bach? Allora Lei non è italiano! Bach è un nome tedesco, vero?
— Sì, sono tedesco.
— E di dov'è?
— Di Heidelberg.

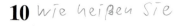
ich verste...

Beachten Sie die Satzstellung: **non** sono — ich bin **nicht**		

				Im Gegensatz zum Deutschen steht das Possessivpronomen (besitzanzeigende Fürwort) im allgemeinen mit Artikel!
il mio nome	—		mein Name	
il tuo nome	—		dein Name	
il suo nome	—	{	sein Name ihr Name	
il Suo nome	—		Ihr Name	

				Das Adjektiv (Eigenschaftswort) wird an das Substantiv (Hauptwort) angeglichen. Adjektive auf **-e** sind männlich und weiblich.
il signor	Zacchi	è italian**o**		
la signora	Zacchi	è italian**a**		
il signor	Dupont	è frances**e**		
la signora	Dupont	è frances**e**		

16 Unità 1

| **buona** sera | | *aber*: un nome **tedesco** |

Adjektive können im Italienischen vor oder nach dem Substantiv stehen. Nationalitäten und Farben stehen immer danach!

2

| Scusi, | signore, signora, signorina, | Lei è | italiano/-a, tedesco/-a svizzero/-a austriaco/-a americano/-a jugoslavo/-a francese inglese olandese | vero ❓ | No, | non sono sono | italiano/-a … |

E di dov'è?   Sono di …

Scusi, Lei parla italiano?

Stracciatella,
Amaretto,
cappuccino, o sole mio,
bocce, amore, signorina,
ciao, lasagne, pizza funghi,
mortadella, mare, conto,
dolce vita, Rechnung
avanti! avanti!
sconto, Rabatt
Langsam piano ma con moto,
va bene!

Unità 1

Unità 2

In die italienische Redaktion des WDR in Köln sind italienische Gäste gekommen. Der Journalist Gualtiero Ciangottini macht sie den Hörern bekannt: Cari amici, buona sera!

1

– Qual è il Suo nome?
– Gino Geminiani.
– Qual è la Sua professione?
– Sono meccanico.
– Da quando è in Germania?
– Da un anno.
– È qui con la famiglia?
– No. Mia moglie è ancora in Italia.
– Grazie, signor Geminiani.

2

▲ 1

– Lei di dov'è, signora?
– Sono di Reggio Calabria.
– Come si chiama?
– Gianna Borghesi, casalinga.
– È qui a Colonia da molto tempo?
– No. Sono qui con i bambini solo da un mese.
– E Suo marito?
– Lui è in Germania da due anni.
– Mille grazie, signora.

▼ 2

in (nach)	= **in** oder **a**:
vor Land:	**in** Italia / **in** Germania
vor Stadt:	**a** Roma / **a** Essen

1 Gino Geminiani, meccanico
2 Gianna Borghesi, casalinga
3 Giulia Santangelo, studentessa
4 Sergio Gagliardi, gelataio

3

– E Lei, signorina, da quanto tempo è in Germania?
– Da sempre! Sono nata in Germania, ma mio padre e mia madre sono di Giarre, provincia di Catania.
– È nata a Colonia?
– No, a Essen. Ma da una settimana sono qui per studiare lingue.
– Molte grazie, signorina.

▲ 3   ▼ 4

4

– Anche Lei è qui con la famiglia?
– No, la mia famiglia è in Italia, a Longarone.
– È qui per lavoro?
– Sì, ma solo per alcuni mesi.
– E come mai?
– Sono gelataio; sono sei mesi qui e sei mesi in Italia.
– Parla tedesco?
– Solo un poco.

un anno	– due anni	o → i
un mese	– due mesi	e → i
una settimana	– due settimane	a → e

Unità 2

il Suo nom**e**   *aber:* **la** Sua professione

Wörter mit der Endung **-e** können männlich (signore, nome, mese) oder weiblich (professione, moglie, pensione) sein. Die Endung **-ione** ist fast ausnahmslos weiblich. Alle Wörter auf **-e** (m. und w.!) enden im Plural (Mehrzahl) auf **-i**.

la mia professione – **il mio** nome la mia famiglia	*aber:* **mia** moglie – **mio** marito mia madre – mio padre
la tua professione – **il tuo** nome la tua famiglia	**tua** moglie – **tuo** marito
la sua professione – **il suo** nome la sua famiglia	**sua** moglie – **suo** marito
la Sua professione – **il Suo** nome la Sua famiglia	**Sua** moglie – **Suo** marito

Der Artikel **il/la** beim Possessivpronomen fällt bei Verwandtschaftsbezeichnungen weg, aber nur im Singular (Einzahl).

5

Mi chiamo Giuseppe Benigni, sono di Catania e da alcuni anni insegno qui a Colonia in una scuola per ragazzi italiani. Sono qui con mia moglie Caterina, mio figlio Michele e mia figlia Margherita. Michele e Margherita sono nati qui. Così mia moglie, che è anche lei insegnante, adesso è a casa, perché i bambini sono ancora piccoli.

1

Qual è	la tua la Sua la sua	professione?

Sono È	meccanico medico casalinga insegnante maestro/-a impiegato/-a segretario/-a operaio/-a pensionato/-a studente/-essa dottore/-essa professore/-essa …

Da quanto tempo Da quando	sei è	qui in … a …

Sono È	qui in … a …	da	molto poco un una molti pochi alcuni due molte poche alcune sei	tempo mese anno settimana anni mesi giorni settimane

Unità 2

6

Salvatore Vinciguerra è italiano, di Crotone. Da alcune settimane abita a Wolfsburg con la moglie e due bambine di tre e cinque anni. Lavora alla Volkswagen.

I Marcolini sono italiani. Lui è di Padova, lei di Gorgonzola. Sono a Milano già da molti anni, per lavoro e per studio: lui è medico, lei studia ancora medicina.

Margherita Giusti non lavora più, è pensionata. È italiana e da molti anni abita sola a Genova.

Gina e Angela Rossi sono italiane di Napoli. Da due mesi Gina lavora a Roma e abita sola con la piccola Angela.

7

– Buon giorno, signore. Lei è qui in vacanza con la famiglia, vero?
– Sì, siamo tutti qui a Nettuno, alla pensione Doria.
– Da quanto tempo?
– Da quattro giorni.
– Non siete italiani, vero?
– No, no, siamo svizzeri.
– Qual è il Suo nome?
– Dieter Wunderli.
– Di dov'è?
– Sono nato e abito a Winterthur, ma lavoro a Zurigo.
– Tante grazie, signor Wunderli, e buone vacanze!
– Prego e arrivederci!

parl**are** – sprechen			lavor**are**	studi**are**	abit**are**
(io)	parl**o**	– ich spreche	lavor**o**	studi**o**	ạbit**o**
(tu)	parl**i**	– du sprichst	lavor**i**	stud**i**	ạbit**i**
(lui) (lei)	parl**a**	– er/sie spricht	lavor**a**	studi**a**	ạbit**a**
(Lei)	parl**a**	– Sie sprechen	lavor**a**	studi**a**	ạbit**a**

Die meisten regelmäßigen italienischen Verben enden auf **-are**.

Sie kennen bereits: Come si chiama? (wörtlich: Wie nennen Sie sich?)
    Entsprechend: Come ti chiam**i**? – Wie heißt du?
              mi chiam**o** – ich heiße

essere – sein

(noi) **siamo**	– wir sind	Im Italienischen wird die 2. Person Plural (Mehrzahl) für Leute, die sich duzen *und* für Leute, die sich siezen gebraucht:
(voi) **siete**	– ihr seid/ Sie sind	
(loro) **sono**	– sie sind	**siete** italiani? – seid **ihr** Italiener? sind **Sie** Italiener?

Unità 2

2

E tu, Lei,	dove	abiti abita lavori lavora studi studia	?

Abito	a	Milano Roma …
Lavoro	alla	Volkswagen, BASF, FIAT pensione …, scuola italiana
Studio	in a	Italia, Germania Firenze, Bonn

8

Qual è il Suo nome, signor Italia?

I cognomi più frequenti in Germania sono Müller o Schmidt, in Francia Dupont, in Inghilterra Smith... e in Italia?
In una statistica molto interessante il Professor E. De Felice (Università di Genova) osserva che il cognome più frequente in tutta Italia è Rossi, con varianti regionali: Russo, Lorusso, Russian, Rosiello, Rossini, Ruggiu e molti altri.
Il Professor De Felice presenta anche le liste di frequenza regione per regione e città per città. Ecco, per esempio, alcuni dati per alcune città.

Nord
a Torino: Ferrero, Rossi, Gallo, Bianco
a Milano: Rossi, Colombo, Ferrari, Bianchi, Brambilla
a Bolzano: Ferrari, Mair, Rossi, Pichler
a Venezia: Vianello, Scarpa, Rossi
a Trieste: Furlàn, Fonda, Degrassi, Ferluga
a Genova: Parodi, Rossi, Traverso

Centro
a Bologna: Rossi, Venturi, Montanari
a Firenze: Rossi, Innocenti, Bianchi, Conti
a Roma: Rossi, Mancini, Ricci, De Angelis

Sud
a Napoli: Esposito, Russo, Romano, De Luca
a Bari: Lorusso, Cassano, Ranieri, Milella
a Palermo: Messina, Russo, Romano, Gambino
a Cagliari: Sanna, Melis, Serra, Loi

(*E. De Felice: I cognomi italiani, Il Mulino, Bologna 1980*)

Parlare italiano, ma dove?

Naturalmente in Italia, ma anche in Ticino (in Svizzera), in Istria (in Jugoslavia) e a Malta, dove esistono comunità italiane.
E poi in tutti i paesi di emigrazione: in America, in Argentina, in Brasile; in Svizzera, in Francia, in Belgio, in Olanda e naturalmente in Germania (R.F.T.)!

Italiani in Germania

In Germania ci sono circa 600 000 italiani. Sono emigrati qui per lavoro. Sono gelatai, pizzaioli, operai, muratori, insegnanti, impiegati ecc. Lavorano in gelaterie, pizzerie, fabbriche, cantieri, scuole, uffici ecc. Alcuni sono del Nord, molti del Sud.
Alcuni sono qui con la famiglia, altri no. Non tutti parlano tedesco e per molti l'integrazione è difficile.

Unità 3

1

— Buon giorno, dottor Perselli!
— Ah, signora Franke, che sorpresa! Come sta?
— Bene, e Lei, dottore?
— Abbastanza bene, grazie.

2

— Buona sera, signor Tucci!
— Che piacere, come sta, signora Biagi?
— Molto bene, e Lei?
— Così così, grazie.

3

— Ciao Paolo!
— Che piacere, come stai, Laura?
— Benissimo, e tu?
— Non c'è male, grazie.

4a

— Oggi sta meglio, signora Truzzi?
— No, purtroppo non sto ancora bene.

stare – sich befinden		**avere** – haben		**sapere** – wissen	
st**o**	– es geht mir	h**o**	– ich habe	s**o**	– ich weiß
st**ai**	– es geht dir	h**ai**	– du hast	s**ai**	– du weißt
st**a**	– es geht ihm/ihr es geht Ihnen	h**a**	– er/sie hat Sie haben	s**a**	– er/sie weiß Sie wissen

0	1	2	3	4	5	6	7	8	9	10	11
zero	uno	due	tre	quattro	cinque	sei	sette	otto	nove	dieci	undici

4b

– Come sta la signora Truzzi?
– Sta ancora male. Bisogna chiamare un medico.
– Il dottor Comisso è molto bravo e non abita lontano.
– Che numero ha?
– 364017.
– Allora 364016.
– No, è sbagliato: 364017.

5

– Ciao Sergio, che sorpresa! Come stai?
– Sto bene, grazie!
– Non abiti più in via Dante, vero?
– No, adesso abito in via Ercole 11: è proprio qui vicino, la terza via a sinistra; il numero 11 è a destra, subito dopo la chiesa.
– Hai anche il telefono?
– Sì, ho il 480544.

6

– Ciao Antonio!
– Ciao Gianna, che piacere! Stai bene?
– Sì, molto! E tu?
– Anch'io sto bene. Sai che da due mesi studio medicina qui a Milano? E tu non studi più qui, vero?
– No, adesso studio a Roma.
– A Roma! E che indirizzo hai?
– Abito in piazza Cavour 10, presso Giorgi, il numero di telefono è 374514.
– Bene. Se sono a Roma telefono!

buono (Adjektiv)	**bene** (Adverb)
buon**a** sera	stare bene
buon**e** vacanze	parlare bene
buon giorno	lavorare bene
buon**i** stud**i**	studiare bene

Die verschiedenen Bedeutungen von **che**:

Che	numero ...	*Was für eine ...*
Leo	} che è ...	Leo, *der* ...
Lea		Lea, *die* ...
Sai	**che** ...	Weißt du, *daß* ...

Unità 3

7a

– Gigi, hai il numero di Pia?
– No, non ho il suo numero.

7b

– Gina, sai tu che numero ha Pia?
– No, non lo so. Ma la signora Macchi ha il suo indirizzo.

7c

– Scusi, signora Macchi, sa dove abita Pia adesso?
– Ma sì! Abita a Frosinone in via Torricelli 8.
– Ha anche il numero di telefono?
– Sì, è 785 11.
– Molte grazie, signora!
– Prego, e se telefoni a Pia, cari saluti!

8

– ... e che numero avete voi?
– Non abbiamo telefono. Ma mio zio che abita al secondo piano, sì. Ha il 4 19 82.

9

– Leo, sai tu che numero ha Peter?
– Che Peter??
– Peter Schindler ... lo studente tedesco ..., l'amico di Teresa Ferri ...
– Ah sì ... Ma perché non telefoni ai Ferri? Forse loro hanno il suo numero!
– Certo, ma sono ancora in vacanza.
– Allora bisogna domandare a Rita o a Lena, le amiche di Teresa.

– *Che indirizzo abbiamo, mamma?*

Der bestimmte Artikel:

lo: steht vor männlichen Wörtern, die mit **s + Konsonant** oder mit **z** beginnen: *lo studio, lo Stato, lo studente, lo svizzero, lo zio, lo zoo*

l': steht vor männlichen und weiblichen Wörtern, die mit **Vokal** beginnen: *l'amico – l'amica, l'italiano – l'italiana, l'indirizzo*

il (Singular m.) → **i** (Plural m.)
la (Singular w.) → **le** (Plural w.)

---

avere (Plural):		sapere:
abbiamo –	wir haben	sappiamo
avete –	{ ihr habt / Sie haben	sapete
hanno –	sie haben	sanno

Beachten Sie:

chiamare Mario
telefonare **a** Mario   } *Dativ!*
domandare **a** Mario

AUTOFFICINE

ALFA ROMEO: via Cucchiari 24, tel. 341.627;
via C. Mezzofanti 8, tel. 726.836.
FIAT: viale Redi 87, tel. 642.52.48;
via P. Castaldi 39, tel. 228.563; via Binda 16,
tel. 420.877.
INNOCENTI: via Pantigliate 6, tel. 415.41.35.
LANCIA: via Pitagora 23, tel. 257.60.23.

FARMACIE DI TURNO

CENTRO-NORD: via Rastrelli 2, via Crocefisso 1,
via S. Marco 8, viale Zara 5, piazza Bausan 3,
via S. Glicerio 6, via Gazzoletti 3.
CENTRO-SUD: viale Coni Zugna 4, via Ripamonti 10,
via De Ruggiero 8.
EST: via Lazzaretto 11, via Bixio 1, via Pier Lombardo 9,
via Marocco 5, piazza Gobetti 11,
corso Ventidue Marzo 17.
OVEST: via Piero della Francesca 3, corso Vercelli 5,
piazza Bolivar 11, via Isernia angolo via Pergine 2.

TELEFONI UTILI

Centrale ambulanze	tel. 77.33
Aeroporto	tel. 402157
Stazione centrale	tel. 773314

Prof. Dott. Carlo Del Buono

Via Rosselli 183
34125 Trieste
Tel. 040.796.976

Studio medico

Dott. Cesare Braulin
Via Dante 36
Roma
Tel. 346533

1

Che numero	hai, ha, ha		Angela / Mario signora … / signor …	Ho	il 480544 364016
		il	professor Marchi dottor Del Buono	Ha	472753 796976
		la	farmacia polizia		564329 32010
		lo	studio Braulin zio Carlo		345533 41982
		l'	aeroporto autofficina ACI / ADAC insegnante di Leo amica di Giulio		402157 341627 116
	avete hanno	i le	— (signori) Bianchi tue amiche Lea e Pia	Non ha abbiamo hanno	telefono

Unità 3

COMUNE DI VERONA

ACQUEDOTTO
SEGNALAZIONE GUASTI   3 20 00

AEROPORTO
VERONA VILLAFRANCA   51 37 00

AUTOMOBILE CLUB D'ITALIA
SOCCORSO STRADALE   1 16
CENTRO ASSISTENZA TELEFONICA (06) 42 12

CARABINIERI
PRONTO INTERVENTO   112

ELETTRICITÀ
ENEL   3 25 60

FERROVIE DELLO STATO
INFORMAZIONI VIAGGIATORI   5 90 688
(orario: 7 - 22)

MUNICIPIO   93 91 11

POLIZIA
QUESTURA CENTRALE   3 20 10
POLIZIA STRADALE   50 03 33

POSTE E TELEGRAFI
INFORMAZIONI – Corrispondenza   2 39 98
INFORMAZIONI – Telegrammi   3 09 22

PRONTO SOCCORSO AUTOAMBULANZE
CROCE ROSSA   9 31 11
CROCE VERDE   59 59 99
CROCE BIANCA   97 40 55 / 97 48 33 / 59 59 77

VIGILI DEL FUOCO   2 22 22

VIGILI URBANI   3 41 80

10a

– Mamma, il telefono!
– Arrivo subito!

10b

– ...Pronto?
– Pronto, signora Caglieri?
– Sì, sono io, chi parla?
– Sono Giuseppe Franceschi; c'è Antonio, per favore?
– Ma Antonio non abita più qui, studia a Firenze! Ora però è per alcuni giorni all'estero, a Vienna.
– Oh! Ma Lei ha il suo nuovo indirizzo di Firenze, signora?
– Sì, un momento... via Giotto 11, e il suo numero è 22 11 45.
– Sa anche il prefisso di Firenze, per piacere?
– Sì, è 055.
– Tante grazie, signora!
– Prego, non c'è di che!

11

– Pronto, chi parla?
– Pronto, Maria? Sei tu?
– No, qui famiglia Gigliano.
– Ma qual è il Suo numero?
– 33 45 67.
– Ah, scusi, ho sbagliato numero!

12

– Pronto, signorina? Qui parla Berger.
– Buon giorno, signor Berger!
– Il signor Faggi è in ufficio oggi?
– No, purtroppo oggi non c'è, perché non sta bene.
– Oh! Arrivo adesso da Stoccarda e sono qui a Bologna solo oggi. Ha il suo numero privato, per favore?
– Certo, un momento, per piacere. Ecco: 48 01 15.
– Grazie, signorina, Lei è molto gentile!
– ...e Lei sa parlare molto bene l'italiano. Complimenti!

bitte: **per favore** **per piacere**	– wenn man um etwas bittet	
prego	– wenn man etwas anbietet; als Antwort auf „danke"	
non **c'è** = non c(i)'è non **ci sono**	– (er/sie) ist nicht da – ich bin nicht da / sie sind nicht da	Satzstellung!
Beachten Sie: Sono **di** Verona. *Aber:* Arrivo **da** Stoccarda.		

📖 Telefonare in Italia

Dove?
1. Alla posta come in Germania? Raramente. Meglio:
2. alla SIP o al centralino telefonico
3. in una cabina telefonica pubblica
4. al bar con un telefono a scatti e sempre là dove c'è questo simbolo:

32 Unità 3

Come?
1. con gettoni
2. adesso anche con monete come in Germania
3. con la scheda magnetica per telefonate urbane, interurbane e internazionali.

E per telefonare in teleselezione in Germania bisogna fare il prefisso internazionale 0049.

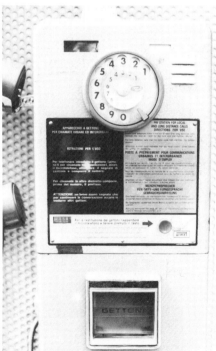

Unità 3

Unità 4

A casa di Agnese oggi c'è una festa e ci sono molti amici e conoscenti. Ecco alcune conversazioni!

1

– Buon appetito!
– Grazie, altrettanto!

2

– È vero che vai a studiare in Germania, Alessandra?
– Sì, vado a Heidelberg per un anno.
– Che bello! E come mai?
– Con una borsa di studio.
– Magnifico! Allora tanti auguri e buono studio!
– Grazie, Giovanni.

3

– È vero che va via da qui, signor Scigliano?
– Sì, la prossima settimana vado a Torino per lavoro.
– E la Sua famiglia?
– Sta ancora qui a Brescia.
– Allora buona fortuna!

4

– Ghino, sai perché Beppe va fuori?
– Sì, va al corso di tedesco.
– Ehi Beppe! Buon lavoro!!!

5

– Dove va in vacanza quest'anno, signora Sciacovelli?
– Al mare! Andiamo a trovare amici all'isola d'Elba.
– Che bello! E quando va via?
– Domenica.
– Già domenica?! Allora buon viaggio e buone vacanze!

6

– Siete a casa questo week-end, Toni?
– No, non ci siamo.
– E dove andate?
– Andiamo tutti insieme al lago di Garda.
– E poi andate in barca a vela?
– Sì.
– Beati voi! Allora buon fine-settimana!
– Grazie! E tu, dove vai, Leo?
– Sto in città, perché ho molto lavoro. Ma forse domenica sera ho un po' di tempo e vado fuori con Claudia.
– Allora buona domenica! E non lavorare troppo, eh!

7

– Vai già a casa, Giacomo?
– Sì, sono molto stanco. Vado subito a letto.
– Allora buona notte e buon riposo!

andare – gehen/fahren				Beachten Sie:
vado – ich gehe/fahre		**andiamo** – wir gehen/fahren		**andare a trovare** besuchen
vai – du gehst/fährst		**andate** – ihr geht/fahrt / Sie gehen/fahren		**andare a prendere** abholen
va – er/sie geht/fährt / Sie gehen/fahren		**vanno** – sie gehen/fahren		**andare fuori** / **andare via** — weggehen / wegfahren
				andarci — hingehen / hinfahren

Beachten Sie: „buono" endet vor dem Substantiv wie der unbestimmte Artikel:

una sera – **buona** sera;   **un** viaggio – **buon** viaggio;   **uno** studio – **buono** studio

8

– Ah, Carlo! Voi ci siete al fine-settimana?
– No, non tutti. Mio padre e mia sorella vanno a prendere mio fratello Giuseppe in Francia.
– E tu non ci vai?
– No. Io vado in montagna a sciare con un amico.
– Che bello! Allora buon divertimento!

Tante belle cose per la Sua gamba!

In bocca al lupo!

9

– Ciao! Dove vai, Gianni?
– All'università, perché ho un esame di francese.
– Allora: in bocca al lupo!
– Grazie! E dove andate voi due?
– Andiamo da Angela, perché oggi è il suo compleanno.
– Ah! Auguri anche da parte mia e tante buone cose!

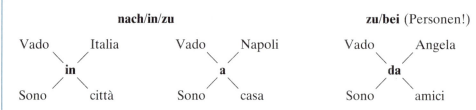

	nach/in/zu			**zu/bei** (Personen!)
Vado Italia	Vado Napoli	Vado Angela
in	**a**	**da**
Sono città	Sono casa	Sono amici

Ort und Bewegung zum Ort werden im Italienischen nicht durch Präposition (Verhältniswort) unterschieden.

Die Stellung von **ci**:
ci vai – gehst du **hin**?   *aber:*   bisogna anda**rci** – man muß **hin**gehen

1

Dove	vai	adesso
	va	questa sera
	andate	domani
		domenica
		questo week-end
		al fine-settimana
		la prossima settimana
		il mese prossimo
		in vacanza
		quest'anno
		l'anno prossimo

Vado	a	Torino
		scuola
		casa
Andiamo		letto
	al	lago
		mare
		corso d'italiano
		lavoro
		compleanno di Gino
		bar
		ristorante
	alla	festa di Angela
		scuola italiana
	all'	isola d'Elba
		università
		estero
	in	America
		vacanza
		barca a vela
		ufficio
		montagna
		Riviera
		città
	da	Gino, Angela …

Allora	buona	notte	buon	riposo
		domenica		lavoro
		fortuna		viaggio
	buono	studio		week-end
				fine-settimana
				divertimento

Grazie, altrettanto
Molte grazie
Tante grazie

10

Buon Natale e Felice Anno Nuovo

Auguri di Buona Pasqua

Buone Feste

a Lei e alla Sua famiglia,

Anna Visconti

Buon Onomastico

Buon Compleanno

Un affettuoso augurio per il tuo Compleanno!

Un caro abbraccio e tanti, tanti auguri!

Un pensiero affettuoso e tanti, tanti cari auguri!

11

Felicitazioni agli Sposi *Felice Matrimonio* **Congratulazioni**

Agli sposi molti cari auguri di felicità
famiglia Hammer

A voi e al piccolo Matteo auguri di ogni bene
zia Silvia

Calendarietto di Domenica 13 aprile

Pubblicazioni di matrimonio

Sodomaco Pietro, barista
 con Cigotti Elvia, parrucchiera;
Franchi Mauro, studente
 con Vignut Rosa, impiegata;
Ludovisi Antonio, medico
 con Francisci Simonetta, insegnante;
Caruso Pietro, carabiniere
 con Rigotto Gianna, operaia;
Zanetti Cesare, operaio
 con Viola Simonetta, operaia . . .

Nati
Franchi Mattia, Gruber Raffaella, Giacomatto Valentina, Buzzi Francesca, Solimano Silvia, Corbi Nunzio.

Unità 4

12

– Dove vai, Gigi?
– All'università c'è una festa e ci vado con gli studenti del mio corso.
– Allora buon divertimento!
– Grazie!

13

– Mamma, vado alla festa dell'Unità con gli amici.
– Va bene, ma non ritornare tardi!
– No, ciao!
– Buon divertimento!

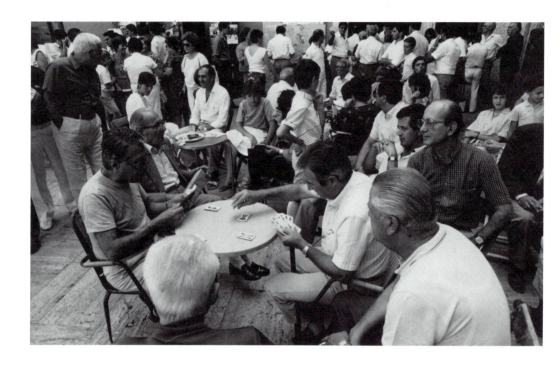

Sg. m. Pl. m.		ebenso:
lo \ gli l' /	lo studente – gli studenti l' amico – gli amici	studio, svizzero, zio, sci italiano, insegnante, anno, augurio

Tanti auguri! **A chi** = wem? (an wen?)	**a Lei** **a voi**	**al** **allo** **all'** **alla**	piccolo Matteo zio insegnante Sua famiglia	**ai** **agli** **alle**	Müller sposi amici tue amiche

14

– Vai fuori, Nicola?
– Sì, vado a prendere gli Schmidt ed andiamo insieme alla sagra della sardella.
– Che bello! Buon divertimento e saluti agli Schmidt!

2

Dove andate

	Oggi c'è	la sagra	**del**	vino
		la festa	**dell'**	8 marzo
		la festa	**dello**	sport
		la festa	**della**	Madonna delle Grazie
		la festa	**dell'**	Unità
		la sagra	**dei**	funghi
		la sagra	**degli**	spaghetti
		la sagra	**delle**	castagne

e ci andiamo con amici.

Beati voi!
Buon divertimento!

Grazie!

Salute!!!

16

– Pronto? Sono Renata. Perché non siete stati al corso ieri sera? Non state bene?
– No, non molto, purtroppo.
– Che cosa avete?
– Siamo tutti a letto con l'influenza.
– Ah, mi dispiace! Allora ci vediamo solo la prossima settimana?
– Sì, se stiamo meglio.
– Bene. Allora ciao e auguri di ogni bene!
– Ciao e grazie.

15

– Dove vai, Bruno?
– Vado a telefonare a Gemma; è malata.
– Che cos'ha?
– Non si sa ancora. Ha la febbre e mal di testa.
– Oh, mi dispiace molto! Tanti saluti e auguri da parte mia!

17

– Vai fuori, Renata?
– Sì, vado a prendere le medicine per gli Spinelli.
– Ah, stanno male?
– Sì, hanno l'influenza.
– Oh, mi dispiace! Se vai dagli Spinelli, tante belle cose da parte mia!

**Influenza…
raffreddore…
mal di testa…**
Al primo sintomo
Cebiopirina
(con Vitamina C)

Per chi ha mal di piedi:
Saltrati
piedi sani e riposati.

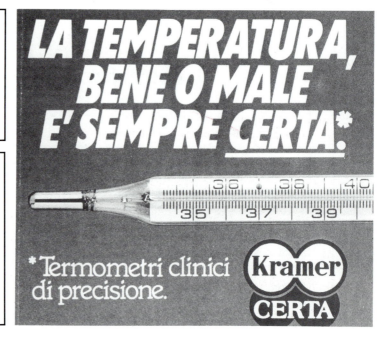

stare	– sich befinden	**stato/-a, -i, -e** – gewesen (wie: nato/-a, -i, -e)			
stiamo	– es geht uns	sono		siamo	
state	– geht es Euch/Ihnen?	sei	**stato, stata**	siete	**stati, state**
stanno	– es geht ihnen	è		sono	

3

Vai	anche	tu	alla	festa	**di**	Gino	No,	ho	mal di testa
Va		Lei		sagra	**del**	signor...		abbiamo	denti
Andate		voi				vino			stomaco
					dello	sport			gola
					della	signora...			la febbre
						Madonna			l'influenza
						sardella			molto lavoro
					dell'	Unità			
					dei	Rossi		sono	malato/-a
						funghi			stanco/-a
					degli	studenti			con l'influenza
						spaghetti		siamo	malati/-e
						Schmidt			stanchi/-e
					delle	castagne			già in vacanza
								sto	male
								stiamo	
							No, non		tanto bene

Che peccato! Mi dispiace molto.
Allora ciao e tante buone cose!

Grazie! E buon divertimento!

Unità 4

4

Perché	vai	via	
	va	fuori	
	andate		
		già a casa	

Vado	a trovare		Mario	
Andiamo	a prendere	il	signor Cosciani	
	a chiamare	la	signora Buscemi	
		i	Fasce	
		gli	Scilla	
		le	mie amiche	
	a telefonare	a	Mario	
		al	medico	
		allo	zio	
		all'	insegnante	
		alla	signora Cresci	
		ai	Rossi	
		agli	Schmidt	
	a lavorare			
	a studiare			
Sono	stanco/-a			
Siamo	stanchi/-e			

5

Perché	non	sei	**stato/-a**	a	Milano
		è			scuola
					teatro
		siete	**stati/-e**	al	lago
					corso
					lavoro
					concerto
					compleanno di...
				alla	festa di...
					sagra di...
				all'	università
				in	ufficio
					città
					discoteca
				da	Maurizio
					Serena
					mia sorella
					mio fratello

Sono	stato/-a	malato/-a
Siamo	stati/-e	malati/-e
		male
		in vacanza
		a sciare
		a prendere ...
		a trovare ...

44 Unità 4

Gubbio: Festa dei ceri

Dove va stasera, signor Rossi?

▲ 1   ▼ 2

Gli italiani vanno volentieri alle feste in piazza. Se andate in Italia, per esempio, in agosto, avete certamente la possibilità di vedere una di queste feste (tanto in piccoli paesi quanto in grandi città come Palermo, Siena ecc.).
Sono feste di carattere politico (come la festa dell'Unità, la festa delle donne cioè la festa dell'8 marzo), gastronomico (le sagre con le diverse specialità regionali) e religioso (specialmente in agosto le diverse feste della Madonna), ma soprattutto popolare:

1 Il carnevale in un' antica illustrazione
2 Festa delle donne a Roma: 8 marzo
3 Una tipica festa della polenta in Piemonte
4 Agrigento: festa del mandorlo in fiore

la sera ci sono concerti di cantanti più o meno famosi, spettacoli teatrali, balli e della buona musica.
Anche in febbraio e marzo ci sono delle manifestazioni popolari molto interessanti non solo per gli italiani: per esempio il carnevale. Da alcuni anni il Carnevale di Venezia è di nuovo famoso, ma ci sono delle famose feste in piazza per il carnevale anche in città più piccole e in paesi del Sud e del Nord: a Ivrea in Piemonte, a Bari in Puglia, in Sardegna ecc.

▲3 ▼4

Unità 4

Unità 5

1a

– Che ora è, Paolo?
– È l'una.
– Mamma mia, che tardi!

1b

– Che ore sono?
– Sono le dieci e mezzo.
– Accidenti, sono in ritardo.

11	12	13	14	15	16
undici	d**o**dici	t**re**dici	quatt**or**dici	qu**i**ndici	**se**dici

17	18	19
dicia**sse**tte	dici**o**tto	diciann**o**ve

20	21	22	28	29
venti	ventuno	ventidue	ventotto	ventinove
30	31	32	38	39
trenta	trentuno	trentadue	trentotto	trentanove
40	41	42	48	49
quaranta	quarantuno	quarantadue	quarantotto	quarantanove
50	51	52	58	59
cinquanta	cinquantuno	cinquantadue	cinquantotto	cinquantanove

Bei der Uhrzeit wird in der Umgangssprache bis zu 39 Minuten zur vollen Stunde (jeweils bis 12 Uhr) dazugezählt, aber ab 40 Minuten von der nächsten Stunde abgezogen!
Bei offiziellen Zeitangaben (bis 24 Uhr) wird nur dazugezählt.

2a

– Sai che ora è, Lorenza?
– Sì, sono le tre meno un quarto.
– Che bello! È ancora presto. Allora resto ancora un po' qui.

2b

– Hai l'ora, Giacomo?
– Sì, ...le sei in punto.
– Meno male! Non è tardi. Allora arrivo ancora in tempo.

È mezzogiorno.   È la mezza.   È l'una (esatta).   Sono le due (in punto).

Sono le tre e cinque.   Sono le quattro e un quarto.   Sono le cinque e venti.   Sono le sei e mezzo (mezza).

Sono le sette meno venti.   Sono le otto meno un quarto.   Sono le undici meno dieci.   È mezzanotte.

3a

— Sono già le undici, Piero?
— Non so, non ho l'orologio!

ORE VENTITRE E QUARANTA MINUTI... ORE VENTITRE E QUARANTA MINUTI... ORE VENTITRE E QUARANTA MINUTI...

l'ora sempre esatta per telefono

3b

— Allora, Piero, che ore sono?
— Mezzanotte meno venti!

1

Sai / Sa / Sapete	che ora è? / che ore sono?
Hai / Ha / Avete	l'ora

No,	non lo **so** / **sappiamo**
	non ho l'orologio / mi dispiace / purtroppo no
Sì, è	mezzogiorno / mezzanotte / la mezza / l'una e .....
sono	le 2 / 2^{15} / 3^{45} / 9^{30} / 5^{45} / 8^{12} / 7^{21}

Peccato. Grazie lo stesso.

Che bello, Meno male,	è ancora presto / non è tardi / ho ancora tempo / non sono in ritardo / arrivo ancora in tempo
Mamma mia, Accidenti,	è tardi / è già tardi / è molto tardi / che tardi / sono in ritardo / non ho più tempo

4

– A che ora andate da Franca stasera?
– Alle otto e mezzo.

5

– Quando vai dal medico, Giulietta?
– Stamattina. Ho un appuntamento alle 9.

6

– Nina, a che ora vai a lezione questo pomeriggio?
– Vado via verso le tre e mezza. Ho lezione dalle quattro alle sei.
– Fino alle sei? Allora non vai a prendere Giancarlo alla stazione?
– Ma sì! Se ci vado subito dopo la lezione con la macchina di Franco, arrivo ancora in tempo.
– Bene! Allora siete tutti a casa dopo le sette, vero?
– Sì, certo. Lo spettacolo comincia solo alle nove, no?
– Sì, sì.

novembre
10 lunedì

16^{00} lezione (leggere il testo pag. 36)
18^{15} stazione
N.B. telefonare a Franco per la macchina
21^{00} spettacolo

2

| A che ora | vai
va
andate | a

al

alla

da
dal
dallo
dall'
dalla
dai
dagli
dalle | casa
lezione
lavoro
corso di francese
compleanno di…
festa di Gina
sagra del vino
Sergio
medico
dentista
zio Carlo
insegnante di…
signora…
tua amica
Cresci
Scena
tue amiche |
|---|---|---|---|

Ci vado andiamo	alle verso le dopo le	1^{45} 2^{15} 3^{30} 4^{20} 5^{30} 5^{45} 6^{00} 7^{45} 7^{00} 8^{15} 8^{45} 9^{00} …

Unità 5

	oggi	= heute
aber:	**stamattina** (= questa mattina)	= heute morgen/früh
	stasera (= questa sera)	= heute abend
	stanotte (= questa notte)	= heute nacht
dagegen:	**questo pomeriggio** ⎫ **oggi pomeriggio** ⎭	= heute nachmittag

7

– Che giorno è oggi?
– Martedì, perché?
– Ho un appuntamento dal dentista!
– E a che ora?
– Alle quattro meno un quarto.
– Allora arrivi ancora in tempo!

8

– ...e quando ci vediamo?
– La prossima settimana, va bene?
– Sì, ma che giorno?
– Martedì. Lunedì sono ancora in Sicilia.
– Ah sì. Allora martedì. E a che ora?
– Cerco di essere a casa tua fra le sette e le sette e mezzo, d'accordo?
– Benissimo.

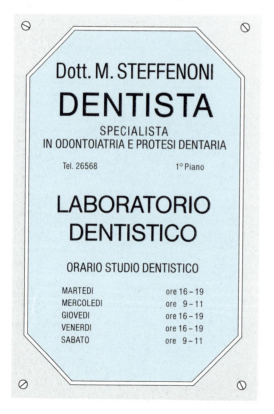

Beachten Sie:

a casa mia –	bei mir zu Hause zu mir nach Hause
a casa tua –	bei dir zu Hause zu dir nach Hause
a casa sua –	bei ihr/ihm zu Hause zu ihr/ihm nach Hause
a casa Sua –	bei Ihnen zu Hause zu Ihnen nach Hause

Wörter auf **-ista** sind m. oder w.:
il/la dent**ista**   comun**ista**
        tur**ista**   social**ista**
        giornal**ista** fasc**ista**

3

– E quando ci vediamo

– **Lunedì.**
 Martedì.
 Mercoledì.
 Giovedì.
 Venerdì.
 Sabato.
 Domenica.

– Bene, allora arrivederci a lunedì.
 martedì.
 ...

Panorama di Palermo

Tanti aug... La festa è oggi, no?
...oggi è il 15, vero?
O abbiamo sbagliato?...

9

— Oggi è il 14, vero?
— Sì, perché?
— Bisogna telefonare a Maria, è il suo compleanno.
— Ah sì, ma forse è meglio passare a casa sua.
— Sì, è vero. Allora ci andiamo oggi pomeriggio.

10

— Quanti ne abbiamo oggi?
— Oggi è l'undici.
— Ah, meno male! Ho ancora una settimana di tempo per pagare l'assicurazione della macchina.

11

— Quando vai a trovare tua madre in Italia, Ivana?
— Il primo.
— E quando sei di nuovo a Heidelberg?
— Il venti.
— È venerdì, no? Allora ci vediamo venerdì sera a casa mia, d'accordo?

MODERNISSIMO

GRAZIE a DIO E' VENERDI

UN FILM SULLA MUSICA E LA VITA DELLE DISCOTECHE

Entrata continua dalle ore 11 alle 22.15

---

oggi è il primo, il due, il tre, ..., l'otto, ..., il dieci, l'undici, ...

Im Gegensatz zum Deutschen steht das Datum in der Grundzahl (also ohne Punkt hinter der Zahl!).
Ausnahme: il primo — der erste.

4

Che giorno è oggi?	Lunedì Martedì ...	Allora	oggi	è	la festa di Franco
					il compleanno di Nina
				bisogna	telefonare all'assicurazione
					all'insegnante di ...
					all'ufficio viaggi
					al medico
					al professore
Quanti ne abbiamo oggi?	Il primo due tre ... L'otto ... L'undici ...				passare da Luigi
					andare dai Casiraghi
					pagare l'assicurazione
			stamattina	ho	un appuntamento dall'avvocato
					dal medico
					dal dentista
					dal dottore
					con Stefano
				c'è	un matinée
			questo pomeriggio		un concerto all'università
					la banda in piazza
					la lezione d'italiano
					il corso di ginnastica
			stasera		il teatro in piazza
					l'«Aida»
					l'«Otello»
					il «Rigoletto»
				arriva	il mio conoscente di Torino
				ritorna	mio fratello dalle vacanze
					mia figlia da Perugia

Uhrzeit – le (ore)		Datum – il (giorno)	
è l'una	– es ist ein Uhr	è il primo	– es ist der Erste
sono le due	– es ist zwei Uhr	è il due	– es ist der Zweite
alle 2	– um 2	il 2	– am 2.
fino alle 2	– bis 2	fino al 2	– bis zum 2.
dalle 2 alle 4	– von 2 bis 4	dal 2 al 4	– vom 2. bis zum 4.
verso le 2	– gegen 2	verso il 2	– gegen den 2.
dopo le 2	– nach 2	dopo il 2	– nach dem 2.
fra le 2 e le 4	– zwischen 2 und 4	fra il 2 e il 4	– zwischen dem 2. und 4.
(prima delle 2	– vor 2)	(prima del 2	– vor dem 2.)

12

– Ciao Tina. A che ora vieni giovedì?
– Alle otto, d'accordo?
– Sì, va bene. Anch'io arrivo dall'ufficio verso le otto.
– Se arrivi più tardi, aspetto al bar.
– Bene. Allora a giovedì!

13

– Pronto, Paola? Allora, quando vieni a trovarci?
– Se siete d'accordo, vengo il 5 con Nicoletta.
– Il 5 è sabato, vero?
– Sì.
– Benissimo. Allora veniamo alla stazione. A che ora arrivi?
– Alle 11^{25}.
– Bene. E Renzo, fino a quando è al congresso in Francia?
– Fino al 12. Viene a prenderci con la macchina il 13.
– Ma non resta qui almeno uno o due giorni?
– Un giorno forse...
– Così poco! Che peccato!
– Eh sì. Ma il 15 ha urgenti impegni di lavoro. Comunque ci vediamo tutti a Pasqua.
– Hai ragione. Allora intanto a sabato!
– Sì. Ciao mamma, e tanti saluti a papà!

14

– Quando vengono i tuoi genitori, Laura?
– Domenica mattina.
– Vai alla stazione?
– Sì, alle dieci, ma sono senza macchina.
– Allora ci vengo anch'io! Ci andiamo con la mia, va bene?
– Oh grazie, Antonio, sei un vero tesoro!

15

– Pronto, Rosalba? A che ora venite dopodomani?
– Io vengo fra le 7 e le 7 e mezza. Prima ho un appuntamento dal dentista. Arrivo con la metropolitana. Va bene così, Chiara?
– Benissimo. Ho lezione solo dalle 4 alle 6 e alle 7 sono certamente a casa. E Franco, non viene?
– Ma sì che viene! Però arriva dopo le 8, perché dopodomani in ufficio ci sono i suoi colleghi inglesi e lui ci sta fino alle 8.

16

– Vengo lunedì o mercoledì, signora Guggi?
– Quando va meglio per Lei?
– È lo stesso.
– Bene, allora forse è meglio mercoledì, perché fino a lunedì ho qui i miei amici tedeschi e non so ancora a che ora vanno via.

---

mio padre
mia madre } – **i miei** genitori

tuo padre
tua madre } – **i tuoi** genitori

suo padre
sua madre } – **i suoi** genitori

Im Plural steht *immer* der Artikel beim Possessivpronomen, auch bei Verwandtschaftsbezeichnungen.

Die weiblichen Pluralformen sind regelmäßig:
mia sorella – **le mie** sorelle
tua sorella – **le tue** sorelle

venire – kommen	*Beachten Sie:*
vengo – ich komme **veniamo** – wir kommen **vieni** – du kommst **venite** – ihr kommt / Sie kommen **viene** – er/sie kommt / Sie kommen **vengono** – sie kommen	Vengo? Soll ich kommen? andare a trovare ⎱ besuchen venire a trovare ⎰ andare a prendere ⎱ abholen venire a prendere ⎰

ci wird an den Infinitiv (Grundform des Verbs) angehängt.
Bekannt: esser**ci** = **da** sein; andar**ci** = **hin**gehen/hinfahren; veder**ci** = **uns** sehen

Beim konjugierten Verb steht es voran: ci vengo anch'io, ci andiamo, ci sta …

Bei konjugierten Formen von *andare* und *venire* + Infinitiv gibt es zwei Möglichkeiten:
Vieni a trovar**ci**? – **Ci** vieni a trovare? = Besuchst du **uns**?

Ma quando ci vengono a prendere?

DA SETTEMBRE A NOVEMBRE
VENEZIA BELLISSIMA SENZA TURISTI

*Dal 22 al 30 giugno
tutti a Spoleto per il Festival*

17a

– Quando viene Paolo?
– In gennaio.

17b

– Quando andate in ferie?
– All'inizio di agosto.

18a

– Quando viene tua madre?
– A metà luglio.

18b

– Quando vai in Italia?
– Alla fine di giugno.

👥 5

| Quando | vieni
viene
venite | qui
in Germania
a Genova
a trovarci |
|---|---|---|

Vengo
Veniamo	in
il primo
due
...
l' otto
l' undici
...
verso il 15
...
all' inizio di
alla fine di
a metà		gennaio
febbraio
marzo
aprile
maggio
giugno
luglio
agosto
settembre
ottobre
novembre
dicembre

19

— Buona sera, signora Scippi! È vero che quest'anno va in vacanza in Sardegna?
— Sì, andiamo a Palau a trovare amici.
— E quando ci andate?
— Dal primo al 28 luglio.
— Che bello! Io sono a Vignola dal 16 luglio al 3 agosto. Forse ci vediamo?!
— Ma certo, Claudia! Vai sola a Vignola?
— No, con una collega. Abbiamo una camera all'Hotel «Spiaggia d'Oro».
— Allora ci telefoniamo il 17 verso le 8 di sera per darci un appuntamento. Va bene?
— Benissimo!
— Hai il numero dell'albergo?
— Sì, un momento: è 21 58. Ma il prefisso di Vignola non lo so.
— Va bene così. Non ci vai con la macchina, vero?
— No. Io e la mia collega non abbiamo la macchina.
— Allora è meglio che veniamo noi a Vignola ... è anche un luogo così bello.
— Benissimo. Allora arrivederci in Sardegna, signora!
— Sì, e il 17 telefono io. Ciao Claudia.

6

| E quando | vieni
viene
venite | | Presto/domani/dopodomani
Alle 3/verso le 4/dopo le 5
Fra le 6 e le 7
Lunedì/martedì ...
La settimana prossima/la prossima settimana
Il 12 (aprile)/verso il 18 maggio/dopo il 19 ...
Fra il 13 e il 15
Il mese prossimo
In gennaio/febbraio ...
A Natale/ a Pasqua
Il prossimo anno/ l'anno prossimo |

| Bene, allora arrivederci | a più tardi
a presto
alle ...
al ...
all' ...
alla prossima settimana ... | Arrivederci!
E intanto tante belle cose! |

Unità 5

Gli italiani in vacanza: quando e dove?

Il cinquantadue per cento degli italiani va in vacanza in agosto, il ventisette per cento ci va in luglio: dal primo luglio al trentun agosto più di due terzi degli italiani sono al mare, in montagna o in altri luoghi.

VIENI IN VACANZA

IN GIUGNO O ANCHE ALLA FINE DI MAGGIO

Anche in maggio e in giugno tutti i servizi, le attrezzature sportive e i divertimenti funzionano in pieno. Se questa si chiama ancora bassa stagione è solo perché i prezzi sono più bassi.

EMILIA ROMAGNA RIVIERA ADRIATICA

Desidero informazioni e materiale gratuito.

Cattolica, Misano, Riccione, Rimini, Bellaria-Igea Marina, San Mauro Mare, Gatteo Mare, Cesenatico, Cervia – Milano Marittima, Ravenna e le sue marine, Lidi di Comacchio.

All' Azienda di Soggiorno di:

_____
(indicare la località interessata)

Riviera Adriatica di Emilia Romagna: non solo mare

Unità 5

Unità 6

1

– Pronto? Scusi, a che ora arriva il prossimo treno da Roma?
– C'è un locale che arriva alle undici e quaranta e un diretto che arriva dieci minuti dopo, alle undici e cinquanta.
– Grazie, signorina!

2

– Scusi, sa quando arriva il rapido da Milano? È in ritardo?
– No! È in arrivo al binario 5!

PARTENZE

DESTINAZIONE	INDICAZIONI SUSSIDIARIE	CAT.	ORARIO	RIT.	BIN
TORINO		RAP	9.50		3
MILANO C.le		EXP	9.51		2
VENTIMIGLIA		TEE X	10.11		2
TORINO		LOC	10.14		6
VENTIMIGLIA		RAP	10.18		4

3

– Scusi, vorrei partire per Milano oggi pomeriggio. Che treni ci sono?
– Verso che ora vorrebbe partire?
– Se è possibile, fra le 5 e le 6.
– Bene, a quell'ora ci sono diverse possibilità: alle 17^{03} c'è un rapido, alle 17^{28} c'è un espresso e alle 17^{51} un locale...
– L'espresso mi va bene, grazie!

4

– Hai l'orario ferroviario, Antonietta? Vorrei sapere quando parte un espresso per Genova questo pomeriggio.
– Sì, un momento... Ecco, vediamo...
– Sei sicura che è ancora valido?
– Sì, sì, fino al 25 settembre. Dunque: C'è l'espresso delle 2^{43} che arriva a Genova alle 4^{12} e l'espresso delle 4^{36} che arriva alle 5^{56}. Poi...
– Va bene. Prendo quello delle 4^{36}, grazie.

andare a Palermo **in** Italia	*aber:* **partire per**	Palermo **l'**Italia	

Beachten Sie: Außer bei «in» steht der Artikel vor dem Land:
partire **per l'**Italia – arrivare **dall'**Italia.

vorrei – ich möchte **vorrebbe** – möchten Sie? er möchte sie möchte	*Beachten Sie:* **c'è / ci sono = es gibt:** C'è un treno alle … Ci sono alcuni treni fra le … e le …

la possibilità – **le** possibilità **la** città – **le** città **il** tram – **i** tram **l'**autobus – **gli** autobus	Im Plural bleiben unverändert: 1. endbetonte Wörter 2. Fremdwörter (Wörter, die nicht auf *o, a* oder *e* enden)

5

– Scusi, vorrei sapere a che ora c'è il prossimo aereo per Amburgo.
– Alle 16^{50}, signore, ma non ci sono più posti.
– E più tardi?
– Un momento… Per il volo delle 18^{10} ci sono ancora alcuni posti liberi.
– Allora vorrei prenotare un posto.
– Il Suo nome, per favore!
– Eugenio Cecchettini. E quando bisogna essere all'aeroporto?
– Un'ora prima della partenza.

6

– Mi sa dire a che ora parte la nave per Capri?
– Fra un quarto d'ora, signora, alle 11^{35}.

7

– Scusi, a che ora arriviamo a Napoli? Abbiamo molto ritardo?
– Eh, sì, quasi tre quarti d'ora.
– Accidenti, non vorrei perdere la coincidenza con l'ultimo aliscafo per Ischia. A proposito, come arrivo dalla stazione centrale a Mergellina?
– C'è la metropolitana ogni cinque o dieci minuti... ma a che ora ha l'aliscafo da Mergellina?
– Alle 18^{40}.
– Per raggiungere l'aliscafo delle 18^{40} c'è troppo poco tempo, signora. Ma c'è ancora la possibilità di prendere l'ultimo aliscafo al Molo Beverello alle 19^{10} o, meglio ancora, il traghetto delle 19^{30}.
– Oh grazie! E al molo ci arrivo con la metropolitana?
– No, bisogna prendere l'autobus. Purtroppo non so il numero... In ogni caso alla stazione ci sono anche taxi.
– Mille grazie! Lei è molto gentile!

Rapidi TEE: treni "super" per cento città

Rapidi TEE per risparmiare tempo
Rapidi TEE per il tuo confort
... e per l'estero i TEE internazionali

1

Scusi	sa mi sa dire vorrei sapere	quando a che ora	c'è parte	un una	treno espresso rapido pullman autobus aereo traghetto nave	per ...	stamattina domani mattina oggi pomeriggio stasera stanotte sabato mattina sabato sera ...
			arriva	il l' la	volo treno locale diretto rapido pullman traghetto espresso aereo nave	da ...	

| Un momento | signore
signora
signorina | c'è un ... che
c'è una ... che
il prossimo
la prossima | parte
arriva | alle
fra

con | $3^{17}/9^{20}$
10/15/20
un'
2/3/5 ... |
minuti
ora
ore | e poi ...

di ritardo |

	arrivare	vedere	partire	
io tu lui/lei/Lei	arr**i**vo arr**i**vi arr**i**va	v**e**do v**e**di v**e**de	p**a**rto p**a**rti p**a**rte	1.P.Sg.: immer **-o** 2.P.Sg.: immer **-i**
noi voi loro	arriv**i**amo arriv**a**te arr**i**vano	ved**i**amo ved**e**te v**e**dono	part**i**amo part**i**te p**a**rtono	1.P.Pl.: immer **-iamo** 1.u.2.P.Pl. endbetont 3.P.Pl. vor der Endung betont (wie 1.–3.P.Sg.!)
Bekannt: noi voi	andiamo andate	sappiamo sapete	veniamo venite	1.u.2.P.Pl. der unreg. Verben sind regelmäßig!

8

– Ho una prenotazione per una cuccetta di seconda classe per il 17 sul treno delle 20²⁵ per Zurigo. Ma vorrei rimandare la partenza al 21. È possibile cambiare?
– Un momento… Sì, è possibile, il 21 ci sono ancora posti liberi.

9

– Ma questo tram parte, sì o no?!
– Non vede? Tutti i tram sono fermi. C'è sciopero.
– Fino a quando?
– Fino all'una.
– Accidenti! Ed io ho tanta fretta!

Nuovo sciopero a Varese dei mezzi di trasporto pubblici

10

– Vorrei sapere se è già arrivato l'aereo da Parigi.
– No, non ancora. Ha un'ora e dieci minuti di ritardo, perché stamattina a Parigi c'è stata nebbia.

11

– Scusi, il traghetto per Olbia è già partito?
– No, ma parte fra dieci minuti!
– Allora vorrei un biglietto per una «Audi 100» e due persone, per favore.
– È in lista?
– No, perché?
– I posti-macchina sono tutti occupati, mi dispiace.

12

– Scusi, fra quanti minuti parte il pullman per Assisi?
– È partito due minuti fa, signora, e il prossimo parte solo fra due ore e mezza.

Nebbia sulla Padana. Incidenti sull'autostrada: in Piemonte due morti e sei feriti

13

– Scusi, sa se è già arrivata la nave dalla Corsica?
– Sì, signore, la «Maria Costa» è arrivata dieci minuti fa al molo 5.

Beachten Sie:

fra cinque minuti – **in** 5 Minuten
cinque minuti **fa** – **vor** 5 Minuten

Das regelmäßige Partizip der Vergangenheit der -are und -ire-Verben:

-are → **-ato** (bekannt: stare → stato)   –   **-ire** → **-ito**

arriv**are** – arriv**ato**	Wird das Perfekt mit **essere** gebildet, verändert sich das Partizip:	
rest**are** – rest**ato**	**sono** arrivat**o/-a**	**è** partit**o/-a**
ritorn**are** – ritorn**ato**	**siamo** arrivat**i/-e**	**sono** partit**i/-e**
and**are** – and**ato**	Wird das Perfekt mit **avere** gebildet, verändert sich das Partizip nicht!	
telefon**are** – telefon**ato**		
part**ire** – part**ito**	**ho** telefonat**o**	**ho** capit**o**
cap**ire** – cap**ito**	**abbiamo** telefonat**o**	**abbiamo** capit**o**

la Corsica a due passi

PARTENZA DA PIOMBINO
ORE 9.30

PARTENZA DA BASTIA
ORE 14.30

TARIFFE		BASSA STAGIONE dal 18/4 al 24/6		ALTA STAGIONE dal 25/6 al 30/9	
Passeggeri	Lit.		18.000	Lit.	19.000
Bambini (4 a 12 anni)	Lit.		9.000	Lit.	9.500
Auto Cat. "A" fino a mt. 3.50	Lit.		33.500	Lit.	41.000
Auto Cat. "B" da mt. 3.51 a 4.50	Lit.		50.000	Lit.	60.000
Auto Cat. "C" da mt. 4.51 in poi	Lit.		72.000	Lit.	84.000

In caso di annullamento della prenotazione bisogna pagare le seguenti percentuali:
Più di un mese prima della partenza 10% Meno di un mese prima della partenza 20% Meno di due giorni prima della partenza 50%

2

Sa se	è già	arrivato/-a partito/-a	il treno locale rapido traghetto volo tram pullman l' aereo espresso autobus aliscafo la nave	da … per …

Sì,	è arrivato/-a è partito/-a	2 minuti 5 10	**fa**	
No,	arriva parte ha	**fra** —	… minuti un' ora … ore	di ritardo
	non ancora è in ritardo c'è sciopero			

3

Quando A che ora	sei è siete	stato/-a/-i/-e andato/-a/-i/-e arrivato/-a/-i/-e ritornato/-a/-i/-e partito/-a/-i/-e	a … in … per …
Fino a che ora Fino a quando Da quando a quando		stato/-a/-i/-e restato/-a/-i/-e	a … in … da …

Ci	sono siamo	stato/-a/-i/-e andato/-a/-i/-e … partito/-a/-i/-e	alle … verso le … dopo le … il … in …
	—		fino alle … fino al … dalle … alle dal … al …

Gli italiani e il treno

«Il treno è comodo». «Non costa molto». «È più sicuro della macchina». «Viaggia anche con la nebbia».

«I treni sono quasi sempre in ritardo». «Se si va in treno, non si sa quando si parte e non si sa quando si arriva». «Ci sono troppi scioperi».

Gli italiani hanno con il treno un rapporto molto problematico, ma moltissimi viaggiano con questo mezzo: per andare da casa al lavoro o all'università, per le vacanze e – se sono emigrati – per ritornare in Italia dall'estero.

Ma il treno è un mezzo di trasporto anche per moltissimi turisti, in vacanza in Italia: «Viaggio per l'Italia in treno, perché così ho la possibilità di parlare con molti italiani: in treno sono più aperti ai contatti, parlano di sè stessi. In treno ho trovato anche alcuni amici.» (Andreas Noll, Monaco)

LA FERROVIA CORRE SICURA	per Voi
OGNI GIORNO	al lavoro – al
FINE SETTIMANA	a trovare gli amici, i parenti o per le gite – in
FERIE	per il viaggio in patria
PREZZI RIDOTTI PER IL VIAGGIO A CASA	
	Molte possibilità – con linee dirette senza cambiare – vetture con posti a sedere e comode cuccette – posti riservati – in giorni prestabiliti e su treni determinati.
RISPARMIATE DENARO	Richiedete l'offerta più vantaggiosa per italiani (sigla: D.E.R. - B.I.G.T.).

Uffici viaggio e biglietterie della DB vi informano volentieri e dettagliatamente. Prenotate in tempo il vostro biglietto.

AGENZIE VIAGGIO

14

– Pronto? Sono la signora Carli e vorrei sapere da che ora a che ora riceve il dottore.
– Riceve dalle tre alle sette, signora.
– Grazie, signorina. E riceve tutti i giorni?
– No, solo da lunedì a giovedì.

15a

– Come mai oggi il museo non apre? C'è sciopero?
– No. Non vede il cartello? C'è troppo poco personale.
– Ah, per questo! Grazie.

15b

– Scusi, a che ora chiude il museo?
– Alle sette.
– E a che ora apre domani?
– Alle 9.
– Grazie, signorina.

16

– Scusi, sa a che ora aprono i distributori di benzina nel pomeriggio?
– Alle 4, credo. Ma è meglio domandare a qualcuno.

17

– Silvio, sai tu a che ora chiudono le banche?
– Sì, chiudono alle 13^{20}.
– E nel pomeriggio?
– In genere sono chiuse tutta la settimana. Alcune però sono aperte per un'ora durante il pomeriggio, ma non so quali.

Nach unpersönlichen Ausdrücken (es ist...) steht im Italienischen kein «zu» vor dem Infinitiv:

È possibile cambiare...?	Ist es möglich... **zu** ändern (um**zu**buchen)?
visitare...?	**zu** besichtigen?
È meglio passare a casa sua.	Es ist besser, bei ihr vorbei**zu**gehen.
domandare a qualcuno.	jemanden **zu** fragen.

Präposition + Artikel «il»:

a		al	Verschmelzung
da		dal	mit den anderen
di	+ **il** =	del	Artikeln s. Part-
in		**nel**	nerübungen und
su		**sul**	Grammatik.

Unregelmäßiges Partizip:

chiudere → **chiuso**
aprire → **aperto**
il negozio è chiuso / aperto
ho chiuso / aperto il negozio

18

– Sai fino a che ora sono aperti i supermercati nel pomeriggio?
– Fino alle 8. Ma oggi è lunedì e sono chiusi tutto il giorno.
– Oh! Lunedì sono chiusi tutti i negozi?
– Sì. Ma alcuni solo lunedì mattina.

Der Artikel steht immer *nach* «tutto»:

tutto il	giorno	– den ganzen Tag
tutta la	settimana	– die ganze Woche
tutti i	giorni	– alle Tage
tutti i	tram	– alle Straßenbahnen
tutti i	negozi	– alle Geschäfte

ORARIO

MATTINO: dalle 9 alle 12

POMERIGGIO: dalle 15 alle 20

LUNEDÌ CHIUSO

19

– Che ore sono?
– Sono le tre e cinque, perché?
– Vado giù a prendere un po' di pane.
– Ma i negozi sono ancora chiusi!
– Come mai?
– C'è l'orario estivo, sai? I negozi sono aperti dalle 4 e mezzo alle 8 e mezzo.

20

– Scusi, quando aprono i ristoranti? Qui tutti i ristoranti sono chiusi e non è giorno di riposo!
– È Ferragosto, signora! Tutto è chiuso fino a lunedì.

21

Carmelo Zotti alla Tommaseo

Si inaugura domenica alle 11.30 nella galleria Tommaseo di via Canalpiccolo 2, una mostra personale di Carmelo Zotti, che è possibile visitare sino al 30 dalle 17 alle 20 nei giorni feriali e dalle 11 alle 13 in quelli festivi.

Gli orari dei musei

Acquario, viale Gadio 2: orario 9-12, 14-17 (chiuso lunedì) – **Cenacolo Vinciano,** piazza Santa Maria delle Grazie 2: orario: feriale 9-13, 14-18.30, festivo 9-15 (chiuso lunedì) – **Collezioni del Museo del cinema della Cineteca Italiana, Villa Comunale,** via Palestro 16: orario 9.30-12 e 15-17.30 (chiuso sabato e domenica) – **Galleria d'arte moderna,** Via Palestro 16: chiuso per restauri **Zoo** (rettilario), via Marco Bruto 19: orario: sabato 15-18, domenica 9-12. Altri giorni riservati alle scuole. Ingresso libero. **Pinacoteca Ambrosiana,** piazza Pio XI 2: orario 9.30-17 (chiusa sabato) – **Pinacoteca di Brera,** via Brera 28: orario 9-14; domenica 9-13 (chiusa lunedì).

ORARIO ESTIVO

CHIUSO DALLE 13 ALLE 16:30

CHIUSO PER FERIE dal 13/8 al 18/8

22

Il taglio del lunedì

C'è un solo posto in tutta Milano dove il lunedì è possibile trovare un negozio di parrucchiere per signore e signori aperto: quello della Stazione Centrale. Resta aperto anche il „giorno proibito", grazie ad uno speciale contratto delle Ferrovie dello Stato.

FARMACIE NOTTURNE

(dalle ore 21 alle ore 8,30)

Piazza Duomo ang. passaggio Duomo, viale Fulvio Testi 74,
viale Ranzoni 2, via Boccaccio 26.
È aperta 24 ore su 24
la farmacia della Stazione centrale
(Galleria delle Carrozze).

4

Quando	apre	il	negozio		Apre	alle …
A che ora	chiude		museo		Chiude	
	aprono	l'	ufficio			
	chiudono		esposizione		Aprono	
		la	galleria		Chiudono	
Fino a quando	è aperto/-a		biblioteca		È aperto/-a	fino alle …
Fino a che ora	chiuso/-a		mostra		chiuso/-a	dalle … alle …
	sono aperti/-e	i	negozi		Sono aperti/-e	
	chiusi/-e		ristoranti		chiusi/-e	
			grandi magazzini			
			supermercati			
		le	banche			

23

– Martina, lo sai che al Palazzo dei Congressi c'è una mostra di pittura molto interessante?
– Sì, ma c'è sempre tanta gente, bisogna andarci presto. A che ora apre?
– Alle nove.
– Allora siamo lì domani mattina alle nove precise. Va bene?
– Sì … ehi! Un momento! Stanotte comincia l'ora legale!
– Ah già! Bisogna mettere l'orologio un'ora avanti, se no, si arriva un'ora più tardi.

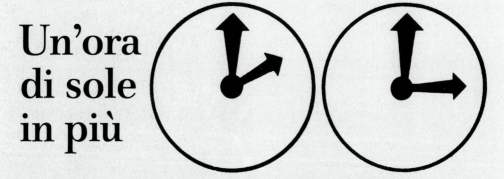

Un'ora di sole in più

Da oggi c'è l'ora legale. In Italia, nei Paesi dell'Europa comunitaria, in Austria, Grecia, Spagna, Portogallo, Svezia, Svizzera e Norvegia gli orologi sono stati spostati avanti di un'ora, dalle due solari alle tre.
Il ritorno all'ora solare è fissato alle ore 3 legali del 26 settembre.

ORARIO

DALLE — MATTINO — ALLE

POMERIGGIO

MERCOLEDÌ CHIUSO POMERIGGIO

CHIUSO PER RESTAURO

L'AMBULATORIO RESTERÀ CHIUSO PER FERIE DAL 2/8 AL 16/8

Questa Libreria rimane aperta dal Lunedì mattina al Venerdì sera

con il seguente orario:
9,30 - 13
16 - 19,30

CHIUSO PER MALATTIA

Dott. MARIO STORARI
MEDICINA INTERNA
SPECIALISTA
APP. DIGERENTE – SANGUE – RICAMBIO
ARZT – MEDECIN

Riceve 9 - 11   ESCLUSO SABATO

Chiuso per lutto

DIVIETO DI SOSTA
MARTEDÌ
DALLE ORE 9,30 ALLE 12,30
PER PULIZIA STRADA

Unità 7

E la vostra giornata, com'è?

1

Sono Luigi Bardi, ho otto anni e abito a Cosenza. La mattina vado a scuola a piedi o con la bicicletta, perché la scuola è vicina. Cominciamo alle otto e mezzo e io vado via da casa alle otto e dieci. Dopo la scuola, a mezzogiorno e mezzo, vado a casa a mangiare. Il pomeriggio faccio i compiti e sto con i miei amici. Guardo la TV o vado dai nonni.

2

Mi chiamo Antonia Castelli, sono sposata, ma non ho ancora figli. Io sono infermiera e mio marito lavora in un'agenzia turistica.
Ogni giorno mi alzo alle sette meno un quarto. Prima preparo il caffè e facciamo colazione insieme. Poi, verso le sette e mezza, porto mio marito all'agenzia in macchina e dopo vado all'ospedale. Di solito lavoro dalle otto alle quattro, con una breve pausa per il pranzo. Mangio alla mensa. Mio marito invece pranza quasi sempre da sua madre che abita vicino al suo ufficio.
Dopo il lavoro faccio la spesa e vado a prendere mio marito. Arrivata finalmente a casa, mi riposo un po' e poi preparo la cena.
Talvolta faccio anche il turno di notte.

Mio marito lavora spesso anche di sera: fa traduzioni e scrive lettere in inglese e tedesco a clienti stranieri del suo ufficio.
Anch'io nel tempo libero mi occupo di lingue: ogni giovedì frequento un corso di spagnolo.

Reflexive Verben: riposarsi — **sich** ausruhen	*Bekannt:* chiamarsi, darsi un appuntamento	
mi riposo — ich ruhe **mich** aus **ti** riposi — du ruhst **dich** aus **si** riposa — er ruht **sich** aus / sie ruht **sich** aus / Sie ruhen **sich** aus **ci** riposiamo — wir ruhen **uns** aus **vi** riposate — ihr ruht **euch** aus **si** riposano — sie ruhen **sich** aus	*Ebenso:* alzarsi occuparsi **di**... interessarsi **di**... informarsi **di**... incontrarsi trovarsi sentirsi	— aufstehen (sich erheben) — sich beschäftigen **mit** ... — sich interessieren **für** ... — sich erkundigen **nach** ... — sich treffen — sich befinden — sich fühlen

Alle reflexiven Verben bilden im Italienischen (im Gegensatz zum Deutschen) die Vergangenheit mit **essere**:
mi sono occupat**o/-a** — **ich habe mich** beschäftigt

1

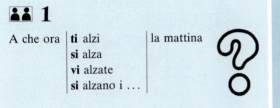

A che ora | ti alzi / si alza / vi alzate / si alzano i ... | la mattina

Di solito | mi alzo / ci alziamo / si alzano | alle ... / verso le ... / dopo le ... / fra le ... e le ...

2

Che cosa | fai / fa / fate / fanno | i bambini / ragazzi | la mattina / di mattina / il (di / nel) pomeriggio / la sera / di sera

Prima / poi / e dopo | faccio / facciamo / fanno | la doccia / colazione / ginnastica / la spesa / il pranzo / i lavori di casa / i compiti / un po' di sport / una traduzione / la cena / un corso di ...

3

Il mio nome è Lorenza Rega, ho vent'anni e sono studentessa di architettura.
Abito ad Asti e studio all'università di Torino. Ogni martedì, giovedì e venerdì vado a Torino con il treno, perché non ho la macchina. Parto verso le otto e a Torino prendo il tram o l'autobus.
A mezzogiorno mangio qualcosa in città e ritorno a casa dopo le lezioni.
Qualche volta mi incontro a Torino con altri studenti e dormo da un'amica.
Mi interesso anche di arredamento e il mercoledì mattina lavoro qualche ora nello studio di un architetto qui ad Asti. Così ho la possibilità di imparare qualcosa e di guadagnare un po'; è proprio una buona soluzione.

4

Sono Carlo Caruso, ho 48 anni e vivo con mia moglie a Bologna dove sono anche nato. Siccome i nostri due figli sono già grandi e non abitano più a casa nostra, anche mia moglie ha ricominciato a lavorare: fa l'insegnante al liceo ed è molto contenta.
La mattina porto mia moglie a scuola in macchina e poi vado in ufficio. Sono ingegnere e mi occupo di elettronica.
Il pranzo? Ho una pausa di lavoro molto breve, dall'una alle due, e non vado a casa, perché mia moglie ha scuola fino all'una e mezza.
Molti vanno a mangiare qualcosa qui in centro. Il mio collega, per esempio, va quasi sempre alla trattoria qui vicino dove si incontra con altri colleghi: mangia bene e spende poco. Ma io, di solito, prendo solo qualcosa al bar.
Preferisco mangiare la sera, anche perché mia moglie cucina molto bene.

– Qual è la tua professione?
– **Sono** insegnante. *Oder:*
   Faccio l'insegnante.

il mio colle**ga** – **i** miei colle**ghi**
la mia colle**ga** – **le** mie colle**ghe**

qualcosa	= qualche cosa	= alcune cose	= einige Sachen, etwas
	qualche volta	= alcune volte	= einige Male, manchmal
	qualche giorno	= alcuni giorni	= einige Tage, ein paar…

qualche heißt wie **alcuni/-e** «einige, ein paar …», steht aber immer mit dem Singular!

👥 3

Come	vai	a	scuola
	va		Torino
	andate	al	lavoro
		all'	università
			agenzia
			ospedale
		allo	studio
		in	ufficio
			banca
			fabbrica
			vacanza

Ci	vado	a	piedi
		con la / in	bicicletta
	andiamo		motocicletta
			macchina
			metropolitana
		con il / in	treno
			tram
		con l' / in	autobus
			aereo

👥 4

Dove	ti incontri	con i	**tuoi**	colleghi
	si incontra		**Suoi**	amici
	vi incontrate		**vostri**	conoscenti
				parenti

Ci incontriamo	a	casa **nostra**
	al	bar
		ristorante
	alla	mensa
		trattoria
	in	città
		centro

5

Mi chiamo Giacomo Candolini e sono operaio. Lavoro in fabbrica qui a Udine, ma vivo in provincia e ogni giorno vado su e giù in treno. Ho quasi un'ora e mezzo di viaggio. La macchina è più comoda, certo. Ma con il prezzo della benzina costa troppo. Finisco di lavorare alle sette e arrivo a casa verso le nove, perché da qui a casa mia non c'è una linea diretta, ma a Palmanova bisogna cambiare treno. Se perdo la coincidenza ritorno ancora più tardi e, quando arrivo, mia moglie dorme già: lei, la mattina, si alza molto presto, perché comincia a lavorare al panificio già alle sei. Ma all'una finisce ed è subito a casa con i bambini.

6

Lavoro al Comune di Firenze dalle otto alle due, senza pausa. Con quest'orario di lavoro continuato mi trovo molto bene, perché alle due e mezzo sono già a casa. Con il traffico che c'è, mio marito ed io preferiamo lasciare la macchina a casa durante il giorno, anche perché abitiamo in un quartiere non lontano dal centro e ci sono buoni mezzi pubblici. E inoltre non si trova mai un parcheggio.

Arrivata a casa mangio qualcosa insieme a mio marito Michele. Abbiamo un piccolo negozio di vestiti per bambini nel centro storico. Mio marito ci lavora tutto il giorno con una pausa di due ore per il pranzo. Io ci vado per qualche ora – di solito dalle cinque in poi – quando mi sono riposata un po'.

La sera non siamo mai a casa prima delle nove. Quando arrivo, preparo la cena, ma qualche volta andiamo a mangiare fuori, ci incontriamo con alcuni amici e ci divertiamo un po'. Vivere così mi piace.

> *Beachten Sie:*
> **vicino al** centro – in der Nähe von
> **lontano dal** centro – entfernt von

> Doppelte Verneinung im Italienischen:
> **non** sono **mai** – ich bin **nie**

> **Wenn:**
> **se** (Bedingung) – **quando** (Zeit)
> se ho tempo – wenn ich Zeit habe
> quando arrivo – wenn ich komme

◄ *Treno di pendolari*

Da domani benzina più cara
ma la maggior parte degli italiani preferisce ancora la macchina

Einige **-ire**-Verben haben die Erweiterung **-isc** im Singular und in der 3. P. Plural:

preferire: vorziehen, lieber tun

io prefer**isc**o	noi preferiamo	*Ebenso:* finire	– beenden, aufhören
tu prefer**isc**i	voi preferite	capire	– verstehen
lui} prefer**isc**e	loro prefer**isc**ono	pulire	– saubermachen
lei			

Beachten Sie: **in** centro   *aber:* **nel** centro storico   **nei** giorni festivi
                in città   **nella** grande città   **negli** anni passati
                in Italia   **nell'** Italia centrale   **nelle** prossime settimane

👥 5

	Capisci	bene	il tedesco
	Capisce		francese
	Capite		l'inglese
			italiano
I tuoi bambini	**capiscono**		lo spagnolo
Suoi figli			svedese
vostri amici			

Sì,	lo **capisco**	bene
		molto bene
No, non	**capiamo**	abbastanza bene
	capiscono	

👥 6

Quando	**finisci**	di lavorare
	finisce	studiare
	finite	fare il militare
	finiscono	fare gli esami

Finisco	alle...
	verso le...
Finiamo	il...
Finiscono	in...

Unità 7

7

Mi chiamo Piero Fornaciari, ho 19 anni, da un anno ho la maturità e cerco lavoro. Sono uno dei tanti giovani italiani disoccupati.
Non è facile, ma io mi sono un po' organizzato. Durante la giornata sono sempre in giro:
Mi alzo alle sette, faccio la doccia, prendo un caffè e vado a comprare il giornale per guardare gli annunci. Passo anche all'ufficio collocamento e mi informo se c'è qualche possibilità. Se trovo qualcosa telefono o ci vado. Ma sono sempre lavori per pochi giorni. A mezzogiorno e mezzo torno a casa — abito ancora con i miei genitori — e pranziamo tutti insieme.
Il pomeriggio dò lezioni di matematica o faccio qualche semplice lavoretto.
Fra quattro mesi vado militare e poi vediamo.

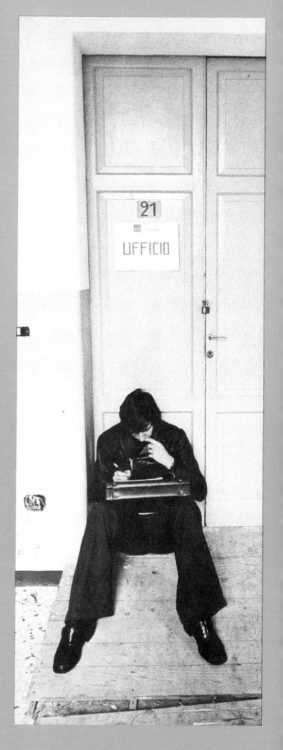

Occasioni per giovani

CERCHIAMO giovani ambosessi anche senza esperienza, interessati settore informatica. Milano 28.92.734.

TIPOGRAFIA cerca ragazzo tuttofare. Telefonare ore pasti 06-584327.

CERCHIAMO studente per lezioni d'inglese terza media. Telefonare 489773.

Ricerca di personale

COMPAGNIA teatrale cerca tecnico luci per programmazione tournée estiva. Telefonare orario ufficio da lunedì 6 dalle ore 9,30 al 779.225.

CONIUGI anziani cercano donna tuttofare fissa, referenziata. Telefonare 443.770.

CASA di cura privata vicinanze Milano ricerca per assunzione immediata infermieri/e professionali o generici. Scrivere a: Corriere 437 – H 20100 Milano o telefonare allo 02-45.82.811 ore ufficio.

8

Sono venuta qui a Ravenna nell'83 (ottantatré), dopo la morte di mio marito. Da allora vivo con i miei figli Matteo, Raffaella e Giulia, di 12, 9 e 3 anni, e ho ricominciato a lavorare. Prima del matrimonio per alcuni anni mi sono occupata di pubblicità, ma ora lavoro in banca.

La mattina porto Giulia all'asilo e gli altri vanno in bicicletta a scuola.

Poi vado in banca e lavoro fino alle 5. Per fortuna ho trovato una signora che si occupa della casa e dei bambini mentre io sono in banca: pulisce e mette a posto la casa, fa la spesa, cucina e va a prendere Giulia all'asilo. Dopo l'una e mezza, quando i bambini sono ritornati da scuola, mangiano tutti insieme.

Nel pomeriggio i ragazzi fanno i compiti, vanno a fare un po' di sport, a casa di amici o guardano la TV.

Io la sera, dopo il lavoro, preferisco stare con i bambini e poi, quando dormono, sono troppo stanca per andare da qualche parte. Solo ogni tanto vado fuori con qualche collega, ma altrimenti con tre bambini, una casa e il lavoro, per una donna della mia età è difficile avere altri contatti. Perciò non conosco ancora molta gente qui a Ravenna.

> **während: mentre – durante**
>
> **mentre** sono in banca ... (beim Verb)
> **durante** il giorno ... (beim Substantiv)

9

Ho sessantotto anni e dal 70 (settanta) abito sola qui nella città vecchia. Mio figlio Carlo abita a Milano con la sua famiglia. Ha poco tempo, ma telefona spesso.
La mia giornata? È molto monotona!
Ogni mattina presto faccio la spesa nei negozi qui all'angolo, metto a posto la casa, preparo il pranzo ... poi non ho più molto da fare e ascolto volentieri la radio.
Il pomeriggio, ogni tanto, vado a trovare la mia amica Maria che abita dall'altra parte della città, e prendiamo il caffè insieme o andiamo ai giardini pubblici. Ma di solito sto a casa, leggo una rivista o un buon libro o guardo la TV: il telegiornale per sentire le notizie, i film d'amore, qualche buon film giallo o un'opera sul terzo programma.
Ma per lo più vado a letto presto.

I miei vicini di casa, invece, sono tutti molto occupati: vanno via la mattina e ritornano la sera. Eh, sono giovani loro! Ma sono anche molto gentili, sa? Aiutano se ho bisogno di qualcosa: se non mi sento bene chiamano il medico, vanno a prendere le medicine e fanno la spesa. Spesso suonano o telefonano per sapere come sto.
Quando partono per le vacanze, lasciano qui le loro chiavi.

Telefono Amico non stop

Ognuno ha bisogno di qualcuno.
Telefona al 766666/7.

Beachten Sie: *aber:*

nostro/vostro figlio	**il loro** figlio	**loro** – ihr (Pl.) steht immer mit Artikel (auch bei Verwandtschaftsbezeichnungen) und bleibt unverändert.
nostra/vostra figlia	**la loro** figlia	
i nostri/vostri figli	**i loro** figli	
le nostre/vostre figlie	**le loro** figlie	

Zu vor dem Infinitiv = im Italienischen **di** (am häufigsten), **a** oder **da**.
Nach unpersönlichen Ausdrücken steht reiner Infinitiv (siehe S. 71)

avere tempo	**di** fare	andare	**a** prendere	avere	**da** fare
cercare	**di** fare	venire	**a** trovare	c'è	**da** fare
la possibilità	**di** ...	cominciare	**a** lavorare		
finire	**di** ...	continuare	**a** studiare		

Verwechseln Sie nicht:

Ho bisogno di un medico.   – **Ich brauche** einen Arzt.
Bisogna chiamare il medico. – **Man muß** den Arzt rufen.

7

Di che cosa	ti occupi	nel	**tuo**	tempo libero?	Mi occupo	di	musica
	si occupa		**Suo**				sport
	vi occupate		**vostro**		Ci occupiamo		lingue
	si occupano		**loro**		Si occupano		politica
							storia
							architettura
							filosofia
							arredamento
							arte moderna
							arte antica
							danza
							folklore
							pittura
							jazz
							archeologia
							mobili antichi

NUOVI ORARI DI LAVORO PER VIVERE MEGLIO

Lettere all'Europeo

Si sa che in molte grandi città italiane in alcune ore del giorno il traffico è veramente caotico e si resta bloccati per strada per moltissimo tempo! E questo perché la gente al mattino va al lavoro in macchina, in autobus, in tram, dopo mezzogiorno va a casa a pranzo, nelle prime ore del pomeriggio ritorna in ufficio o in fabbrica e la sera ritorna a casa.

È veramente assurdo fare su e giù quattro volte al giorno la stessa strada! Pensiamo all'energia buttata via, all'inquinamento, al nervosismo che tutto questo porta.

Ma perché non lasciamo da parte le nostre tradizioni e non adottiamo anche in Italia per tutti l'orario unico continuato: lavoro dalle 8 e mezzo alle 4 e mezzo, con una breve pausa e poi tutti a casa? Così già fanno in Italia gli impiegati dei Ministeri, di molti Comuni e uffici pubblici, e così lavorano tutti gli europei, con molte conseguenze positive per i nervi, l'ambiente e l'economia.
(Rino Veglia)

È vero, gli altri europei hanno l'orario unico continuato, ma perché adottare anche noi questa «barbarie»? Lo stress del traffico terribile? Prendiamo l'autobus! Certo! Moltissimi europei sono a casa già alle cinque, ma a mezzogiorno mangiano in fretta (e male!) nei pub, bar e nelle mense e alle sei di sera guardano già la TV. Anche questo è stress! E il traffico caotico sulle strade europee dal centro alla periferia non c'è dalle sette in poi, ma dalle quattro e mezzo alle cinque. Anche questo è stress. Io preferisco fare una lunga pausa per il pranzo e lavorare la sera.
(Gianni Farfisia)

■ Ma non tutti hanno la possibilità di mangiare a casa

Sì, Ristosceck è la mensa più logica per noi!

MAURIZIO GRANDI – Capo Ufficio Personale del Quotidiano "La Repubblica", Roma.
"I tempi per la realizzazione di un giornale sono complessi e l'intervallo del pranzo...è un problema. Qui tutti mangiano ad orari diversi: i giornalisti hanno un orario elastico, gli impiegati uno fisso. Per non parlare delle persone che lasciano la tipografia solo quando il giornale è finito e perciò mangiano dopo le 23! Con i buoni pasto Ristosceck è tutto più semplice. Giornalisti, impiegati e tipografi sono molto contenti di questa soluzione!"

AUGUSTO TUCCIARELLI – Direttore del Big Bar Tavola Calda, Roma.
"Ristosceck mi porta più lavoro: ora non ho più solo la clientela tutta concentrata da mezzogiorno alle due. Adesso viene gente a tutte le ore, per esempio il personale del giornale".

SANTA PARIS – Impiegata del Quotidiano "La Repubblica", Roma.
"Vicino al giornale ci sono vari locali dov'è possibile mangiare bene e pagare poi con i buoni Ristosceck. Per noi è comodissimo, perché giorno per giorno andiamo nel ristorante che ha il piatto tipico che preferiamo, per esempio "gnocchi": a Roma è una tradizione mangiare gnocchi al giovedì.
Insomma i buoni pasto Ristosceck lasciano la massima libertà".

Buoni appetito
i buoni pasto che puoi spendere nei bar e ristoranti convenzionati.

Unità 8

E che cosa facciamo? Avete una proposta?

1

— Carlotta, hai tempo stasera? Andiamo insieme al concerto? Al Palazzetto c'è Rock-Jazz. Canta anche Gianna Nannini.
— Purtroppo per me non è possibile, Fulvio. Ho già un impegno: sono arrivati i nostri conoscenti tedeschi e usciamo tutti insieme.
— Che peccato! Ho già i biglietti!
— Sì, è un vero peccato. Un'altra volta ci vengo molto volentieri!

"Fra tre ore grande concerto Rock-Jazz al Palazzetto".

2

— Ciao, Roberta, dove vai così in fretta?
— Ho alcune cose da sbrigare in centro.
— Ma anche Fabio va in città e ha la macchina. Perché non ci vai con lui?
— È una buona idea, soprattutto con questa pioggia!

3a

– Ciao, Gianni! Come va?
– Bene, grazie.
– Che fai domenica?
– Non lo so ancora.
– Vogliamo andare insieme alla partita?
– Se non piove, molto volentieri!

3b

Caro Piero,
anche se oggi il tempo è bello, questo pomeriggio non ho proprio tempo di venire con te allo stadio, perché sono venuti Turi e Concetta da Roma. Restano tutto il giorno. Vado un po' in giro con loro.
Peccato! Buon divertimento e a domani.
     Gianni

p.s. Vengo da te alle quattro.

4

– Senti, Cesare, vieni con noi da Serena stasera dopo il teatro? Vogliamo passare tutti da lei, perché compie gli anni.
– Sì, volentieri! È una bell'idea!

– Ho compiuto ventidue anni.
– Quante volte, figliola ... quante volte?

CINEMA METROPOL
Viale Piave 24 - Tel. 799.913

2ª SETTIMANA DI GRANDE SUCCESSO

IL FILM PIÙ BELLO DELL'ANNO

UNA INDIMENTICABILE STORIA D'AMORE

WEEKEND COL BEL TEMPO

5

– Signorina Silvia, ha voglia di venire con me al cinema domani sera? Ho sentito che al «Metropol» danno un film molto buono.
– Mi dispiace moltissimo, signor Burger, ma domani non è proprio possibile: abbiamo ospiti a cena.
– Peccato! E dopodomani?
– Dopodomani sono libera.
– Allora telefono da voi verso le sei e poi vediamo, d'accordo?
– Sì, va bene, dalle 5 in poi sono a casa.

6a

– Oh, signora Carletti!
– Buongiorno, signorina Helga, scusi se disturbo, ma sa... Lei è qui da poco, non conosce ancora bene la città, il nostro quartiere, il mercato e i negozi e così ho pensato che forse ha voglia di venire a fare la spesa con me.
– Grazie, signora Carletti, Lei è veramente molto gentile. Vengo volentieri. Ci andiamo subito?
– No, fra un'ora, per Lei va bene?
– Benissimo. Andiamo a piedi?
– Sì, sì, fa così bel tempo e non è lontano.
– Allora a più tardi e grazie, signora.

| il tempo è bello | – **fa** bel tempo |
| das Wetter **ist** ... | – **es ist** ... Wetter |

bello endet vor dem Substantiv immer wie der Artikel:

il tempo	– be**l** tempo
lo spettacolo	– bel**lo** spettacolo
i negozi	– be**i** negozi

Das betonte Personalpronomen:

Nach allen Präpositionen (con, per, da, di usw.) steht im Italienischen das betonte Personalpronomen:

con, da, per me	= mit, zu (bei, von)	mir,	für mich	
te	= mit, zu	dir,	für dich	
lui	= mit, zu	ihm,	für ihn	
lei	= mit, zu	ihr,	für sie	
Lei	= mit, zu	Ihnen,	für Sie	
noi	= mit, zu	uns,	für uns	
voi	= mit, zu	euch,	für euch	
loro	= mit, zu	ihnen,	für sie	

Wir kennen bereits: **per Lei** = für Sie (5/16) und **auguri a Lei, a voi** (4/10, 11).
Aber: *mi* dispiace, *mi* va bene, *ci* vediamo, viene a prender*ci*

Gran folla per il caldo alla piscina di Legnano

Arriva una settimana caldissima

Dal giugno del 1960 mai registrate temperature così alte, soprattutto nel Sud.

6b

– Ciao Helga! Come va con questo caldo? Vieni con noi in piscina?
– Non posso: Ho un appuntamento con la mia vicina. Vado con lei al mercato.
– Peccato! Allora un'altra volta!

6c

– Ciao Angela! Hai voglia di venire con me a giocare a tennis?
– Purtroppo non posso. Hanno chiamato Chiara e il suo ragazzo e vado con loro in piscina. Ma perché non ci vieni anche tu? Con questo tempo è certamente meglio.
– Va bene, vengo volentieri con voi.

Che caldo! Andiamo alla spiaggia.

Der Gebrauch von **andare** (gehen, fahren) und **venire** (kommen) mit **con** ist im Italienischen etwas anders als im Deutschen.

Vergleiche:
vado con lui   – **vengo** con te
ich gehe mit ihm – **ich gehe** mit dir

Venire muß immer verwendet werden, wenn die nach **con** stehende Person am Gespräch beteiligt ist! Es ergibt sich folgendes Schema:

andare		**venire**	
–		con me	
–		con te	
–		con Lei	
con lui	am Gespräch	–	am Gespräch
con lei	unbeteiligte	–	beteiligte
–	Personen	con noi	Personen
–		con voi	
con loro		–	

Questa sera stiamo in casa!

Ma io non ho voglia di andare a cena fuori!

Mi dispiace, ma proprio stasera ho un impegno.

👥 1

Hai	voglia di	venire con	me	a	pranzo	da	Mario	oggi pomeriggio
Ha			noi		cena			stasera
Avete					teatro			domani
		andare con	lui	al	concerto	dal	signor Scipione	domani sera
			lei		cinema		dottor Francisci	sabato
			loro		mercato			domenica
				all'	opera	dall'	amico di Cencio	al week-end
Andiamo insieme				allo	stadio	dallo	zio	venerdì
Vogliamo andare insieme				alla	festa ...	dalla	signora Nardi	...
					sagra ...			
					partita			
					spiaggia			
				ai	giardini pubblici	dai	Bianchi	
						dagli	amici francesi	
						dalle	amiche di Gina	

Sì,	volentieri!			No,	purtroppo	oggi	per me	non è possibile
	è una buon'idea				mi } dispiace, ma	questo pomeriggio	noi	
	bell'idea				ci	stasera	non posso	
	un'ottima idea					domani	possiamo	
	vengo } volentieri		con te			domani sera	non ho } tempo	
	veniamo		con voi			sabato	abbiamo } voglia	
	posso } venirci					domenica		
	possiamo					al week-end	ho } ospiti	
						venerdì	abbiamo } da fare	
	posso } andarci		con lui			...		un impegno
	possiamo		con lei				preferisco } andare ...	
			con loro				preferiamo	

Unità 8

PISTA RISERVATA

◁ **AGLI** ◁

SLITTINI

7

— Se domenica c'è il sole e abbastanza neve possiamo andare tutti in montagna a sciare. Potete portare anche la slitta per i bambini!
— Io ci vengo molto volentieri con i bambini, ma Paolo non può: va per una settimana in Germania e parte già sabato.
— E se in montagna fa brutto?
— Restiamo in città e facciamo qualcosa insieme.
— Bene, allora ci sentiamo sabato.

Le regioni più in difficoltà sono la Lombardia e il Trentino-Alto Adige

La neve? Poca e ghiacciata
In crisi la stagione sciistica

8

— Pronto, Caterina? Sono io, Silvia!
— Oh, ciao Silvia, come stai?
— Bene, bene ... senti! Ieri hai domandato come si può passare il week-end. Ho una proposta: dato che in Riviera fa caldo e c'è vento possiamo andare a fare il windsurf. Se hai voglia puoi venirci anche tu; possiamo dormire in campeggio.
— È un'ottima idea! Vengono anche i vostri ragazzi?
— No, per loro l'acqua è ancora troppo fredda per poter fare il bagno. Sono dai nonni.
— Bene. E quando partite?
— Venerdì, nel tardo pomeriggio. Nella nostra macchina c'è posto anche per te.
— Benissimo. Allora a venerdì!

9

— Domani arrivano i miei amici francesi, non conoscono la città, non parlano italiano ed io ho tempo per loro solo nel pomeriggio, perché ho ancora da fare in ufficio.
— Be', di mattina possono fare una gita a Murano, alle due vai a prendere i tuoi amici al vaporetto, andate a pranzo da qualche parte e poi potete fare un giro per Venezia, no?
— È una buona idea!

potere	— können	*Aber:*
posso	**possiamo**	**so / sappiamo**
puoi	**potete**	parlare italiano
può	**possono**	(Fähigkeit)

Unità 8

2

Andiamo Vogliamo andare	insieme	in	Spagna Riviera
Vieni Viene Venite	con me noi		centro piscina barca slitta discoteca

		a	giocare
			sciare
			ballare
			mangiare
			pranzare
			cenare
			fare il bagno
			    il windsurf
			    lo sci d'acqua
			    jogging

Sì,	molto volentieri! è una bell'idea! è una buon'idea!	

	se	non fa freddo
		    brutto tempo
		    piove

	c'è	il sole vento abbastanza neve
	fa	bello bel tempo caldo
No,	ho abbiamo	un appuntamento un impegno ospiti da fare da lavorare
	non posso, perché … non possiamo, perché …	

Unità 8   95

Senza parole

10

– Allora, mamma, che cosa faccio oggi?
– Puoi andare in piscina, fa caldo.
– Ci sono stato ieri.
– Allora perché non chiami Tommaso? Potete andare a giocare a bocce al parco!
– Tommaso è partito ieri e non c'è nessuno dei miei amici!
– E non hai voglia di andare a giocare giù con gli altri bambini della casa?
– È una buona idea ... possiamo andare a giocare nel giardino qui vicino.

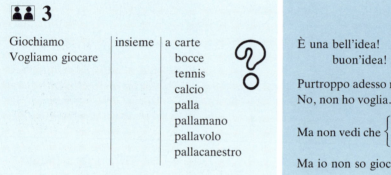

3

Giochiamo	insieme	a carte
Vogliamo giocare		bocce
		tennis
		calcio
		palla
		pallamano
		pallavolo
		pallacanestro

È una bell'idea!
     buon'idea!

Purtroppo adesso non ho tempo.
No, non ho voglia. Preferisco ...

Ma non vedi che { è vietato qui?
                  non si può?

Ma io non so giocare bene a ...

Ed io,	che cosa	**posso**	fare	al weekend	
E Lea,	che	**può**		domenica	
E noi,	cosa	**possiamo**		domani	
Ed i …,		**possono**			

Se	non fa freddo	**puoi**	andare a …
	fa brutto	**può**	in …
	piove	**possiamo**	giocare a …
	c'è sole	**potete**	fare il bagno
	vento	**possono**	un giro
	neve		una gita
			…
	fa bello		uscire con …
	bel tempo		
	caldo		

11

– Ciao Carla! Hai voglia di venire con noi a fare lo sci nautico domani pomeriggio?
– Sì, volentieri! Domani posso venire, non ho niente da fare.
– Benissimo! E forse anche i Nardi hanno tempo e voglia di venire.
– I Nardi non ci sono e non possono venire neanche alla festa di Gino lunedì sera. Hanno telefonato l'altro ieri: non ritornano dalle vacanze prima di mercoledì, perché la loro figlia si è ammalata all'improvviso.

Die doppelte Verneinung			
Bekannt:	**non – mai**		(nie)
Ebenso:	**non –**	**niente** / **nulla**	(nichts)
	non – nessuno		(niemand)
	non – neanche		(auch nicht)
aber:	**Mai** ci sono stato.		
	Niente è impossibile.		
	Nessuno ha telefonato.		
	Neanche lui è venuto.		

Bei Betonung steht die starke Verneinung vorn → keine doppelte Verneinung!

12a

Cara Patrizia,

se non avete nulla da fare stasera, perché non venite con noi a teatro? Al Piccolo Teatro ci sono due atti unici di Goldoni. I Rossi hanno due posti in platea anche per voi. Aspettiamo una tua risposta

Lalla

CITTÀ DI PARMA
TEATRO REGIO
Stagione Lirica
Domenica 10 gennaio, ore 15,30

DON CARLO

trieste
teatro comunale
"giuseppe verdi"
ente autonomo

la campana sommersa

12b

– Ciao Lalla! Grazie per il bigliettino!
– Ah, finalmente! Dove sei stata?
– In città con un nostro amico. Per stasera siamo d'accordo. Possiamo venire.
– Bene, allora ci vediamo alle otto e un quarto davanti al teatro.
– Benissimo. Ciao e a stasera!

Teatro San Carlo-Napoli

---

prima di = vor (zeitlich)
davanti a = vor (örtlich)
prima di domenica, prima dell'una
davanti a casa mia, davanti al bar

Beachten Sie:
una mia amica – eine Freundin von mir
una tua risposta – eine Antwort von dir
un nostro amico – ein Freund von uns

Stasera andiamo a...

DISCOTECHE

BIBERON – Via De Andreis 13 (Angolo V.le Corsica) – (tel. 71 32.66 – L. 7000 – Aperto dalle 15.00 alle 18.00

BIBLO'S – discoteca-chitarra-bar – Via Madonnina, 17 – tel. 80.51.860 – L. 4000 – Aperto dalle 21.30 – 2.30

LE RIFIFI – P. le Biancamano, 2 – Tel. 66 15 32 – L. 8000 con consumazione – Aperto dalle 21 alle 2

MUSICA LEGGERA JAZZ FOLK

BERIMBAU – Via De Andreis (ang. v. le Corsica), 13 – Tel. 72 08 00 – Dalle ore 20.30 alle 2 servizio ristorante con cucina brasiliana – Ore 23 incontri con la musica brasiliana

DANCING

APOLLO – Club del ballo ambrosiano – Via Procaccini 17 – Tel. 31 29 22 – Ingresso L. 6000 – 4000 – Aperto dalle 15 alle 18 e dalle 21 alle 24.

BALLO LISCIO

DIAPASON – Il salotto del ballo liscio – Via Binda, 4 – tel. 47.96.11 – L. 8.000 – 6.000 – Aperto dalle 15 alle 18 e dalle 21 alle 24.30.

CABARET

CAB 17 – Via Fiori Chiari 17 (Brera) – Tel. 86 20 21 – Chiusura estiva
DERBY – Via Monterosa 84 – Tel. 4 691579 – L. 15000 – Spettacolo con Luciana Rossi.

NIGHT CLUB

ASTORIA – P. za Santa Maria Beltrade, 2 – tel. 80.87.87
EL MAROCCO – Via Baracchini, 1 – tel. 80.35.54

Per chi resta a casa

BUONGIORNO TRISTEZZA (Telemilano, ore 20.15) – Tratto dal celebre romanzo di Francoise Sagan. È la storia di una ragazza che, uscita di collegio, va ad abitare col padre, vedovo, sulla Costa Azzurra.

Unità 8

13

– Dove si va tutti insieme stasera?
– Io ho una proposta: Si può andare allo spettacolo in piazza. Ho saputo da Carla che c'è un gruppo teatrale di Parma.
– E che c'è di bello da vedere?
– Non lo so, ma possiamo guardare sul giornale o informarci.

14

– Stasera alla TV non c'è proprio niente di divertente da vedere. Che si fa di bello, Anna?
– Senti, Marco: è tanto che non andiamo a ballare. Stasera si va in discoteca.
– Buona idea. E tu che fai, Daria?
– Se ci andate, vengo anch'io con voi.
– Bene, veniamo a casa tua alle 8 o alle 9?
– È lo stesso.

weekend

Sabato sera in discoteca: qui la febbre è ancora alta

TUTTO ESAURITO STASERA PER IL TEATRO IN PIAZZA

> Wir kennen bereits das regelmäßige Partizip der **-are-** und **-ire**-Verben:
>
> **-are** → **-ato:** andare – sono and**ato/-a**
> **-ire** → **-ito:** capire – ho cap**ito**
>
> *neu:*
> **-ere** → **-uto:** sapere – ho sap**uto**
>   (ich habe erfahren!)
>
> *Ausnahme:* venire – sono **venuto/-a**

15

– Qui in paese non c'è proprio niente di interessante da fare! Vogliamo andare in città a fare un giro?
– Bene, si va a piedi?
– Ma è lontano! Perché non prendiamo piuttosto l'autobus? È più comodo!
– Hai ragione, Gianfranco.

16

– Che si fa domenica, Franco?
– Se non fa brutto tempo, possiamo andare al mare, va bene?
– Ma, caro, fa ancora troppo freddo, non si può neanche fare il bagno! Perché non facciamo invece una gita a Venezia? Lì c'è sempre qualcosa di buono da vedere. Ho letto sul giornale che ci sono delle manifestazioni culturali molto belle.
– Hai ragione, è meglio. Allora andiamo a Venezia! E lo possiamo dire anche ad Agnese, forse ci viene anche lei.

Dove si va tutti insieme	= dove andiamo?	Che c'è	**di** bello	**da** vedere?
Che si può…	= che possiamo…	C'è qualcosa	**di** buono	**da** leggere?
Che si fa	= che facciamo?	Non c'è niente	**di** divertente	**da** fare.

Cosa c'è da vedere

FOTOGRAFIE. Al Museo di Milano, via S. Andrea 6, è in corso fino al 30 giugno la mostra «Immagini di una città: Milano» di Nino Lo Duca.

DONNA. A Palazzo Reale è in corso la mostra «Esistere come donna. Käthe Kollwitz. Genni Mucchi».

Cosa c'è da sentire

VISITE. Programma odierno delle visite guidate organizzate dall'Ente per il Turismo. Ore 10, Pinacoteca Ambrosiana, (piazza Pio XI 2).

5

Che cosa		stasera		Hai tu	una proposta	
Che	**si fa** tutti insieme	domani	?	Ha Lei	un' idea	?
Cosa		sabato pomeriggio		Avete voi		
		domenica				
Dove	**si va** tutti insieme	questo week-end				

Forse c'è qualcosa **di** bello	**da** vedere	a teatro/al teatro in piazza
buono	sentire	al cinema/cabaret/Jazz-Club
interessante		all'opera/università
divertente		alla TV/discoteca "Biberon"
		nella galleria d'arte

Ma fa così bello! Perché non	andiamo	**invece**	a ballare	alla sagra	
		piuttosto	mangiare	all'aperto	
			fare	il bagno/lo sci nautico	
			giocare	a tennis/a bocce	?
	facciamo		una gita a …		
			un giro per …/… in barca		
	usciamo		con la barca/con il windsurf		
			in barca/in windsurf		

Hai/Ha/Avete ragione! È molto meglio!

Unità 8

17

(N = Nino, E = Elsa, U = Ugo, il marito di Elsa)

N – Ciao Elsa, ciao Ugo! Cosa si fa questo week-end?
E – Venerdì possiamo andare tutti insieme a Roma! Avete visto quello che c'è scritto qui? Ci sono buone combinazioni per 100.000 (centomila) lire, per esempio:

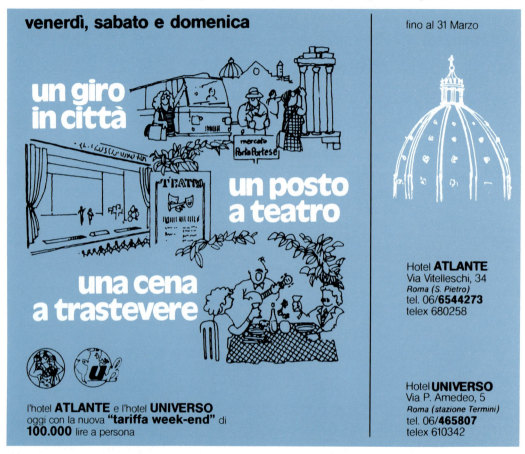

E – si abita all'Hotel Atlante o all'Universo.
N – È una buona idea, Elsa!
U – Allora possiamo telefonare noi all'Hotel Atlante.
E – Sì, e facciamo la prenotazione per noi quattro ...
N – Ma forse hanno voglia di venire anche i Berti.
E – No, no: loro sono a Napoli con i loro ospiti di Salisburgo ...
U – E senti, Nino: andiamo con la nostra macchina?
N – Sì, è meglio. Veniamo a casa vostra venerdì mattina presto, lasciamo qui la nostra macchina e partiamo.
E – Bene, ma prima ci sentiamo ancora!
N – D'accordo! Allora ciao e a presto.

18

– Pronto, Bruna?
– Oh, ciao Valentina, come stai?
– Benissimo! Allora, che fai sabato sera? Esci con noi?
– Mah, non lo so ... che cosa avete voglia di fare?
– Il tempo non è bello e al cinema non c'è niente di interessante...
– E a teatro?
– Al «Politeama» c'è qualcosa, ma è troppo tardi per trovare posto per tutti.
– Allora possiamo andare a mangiare da «Gino» e poi decidere che cosa fare.
– Ma sai, Gianna ha detto che lei e Paolo adesso non hanno molti soldi: lui ha fatto gli esami alcuni mesi fa, ma è ancora senza lavoro. Se sabato andiamo da «Gino», loro non vengono ...
– Allora venite tutti da noi, domani. Se fa bello, stiamo in giardino, se no, restiamo in casa. Pino ritorna stasera dalla Calabria e porta molte buone cose. Possiamo improvvisare una cena fredda e stiamo un po' insieme ...
– D'accordo, ma solo se portiamo tutti qualcosa ... Bisogna avvisare anche gli altri ...!
– Io telefono a Dina, ai Marassi e a Gianfranco ...
– E io, intanto chiamo Luisa e i Buzzi.
– Ma non hanno scritto che restano a Grado fino a domenica?
– No, sono di ritorno già da ieri.
– Allora ci sentiamo verso le quattro, va bene?
– D'accordo, a più tardi!

Conosci le meraviglie della cucina calabrese?

Folgende Partizipien der Vergangenheit sind unregelmäßig auf **-tt**:

dire   – ho **detto**   (gesagt)
leggere   – ho **letto**   (gelesen)
scrivere – ho **scritto** (geschrieben)
fare   – ho **fatto**   (gemacht)

In der indirekten Frage wird «sollen» bei gleichem Subjekt durch einen Infinitivsatz wiedergegeben:

Possiamo decidere **che cosa fare** – ... was wir machen (sollen)
Non so ancora   **come fare**   – ... wie ich es mache(n soll)
                    dove andare – ... wohin ich gehe(n soll)

19

– Caro, hai letto che sul secondo canale della tivù stasera c'è una trasmissione ...
– TV, TV, sempre TV! Ma al week-end si possono fare tante altre cose! È una serata così bella. Perché non esci con me? Possiamo fare una passeggiata nei dintorni, cercare una trattoria all'aperto e mangiare qualcosa.

si = man (sich)
mit dem Verb im Singular oder Plural!

Che cosa **si può** fare?
        Si può fare   una passeggiata.
                   gita a ...
                   un giro per ...
Aber: **Si possono** fare molte cose.

6

Vogliamo **uscire**	insieme
Esci	con me
Esce	noi
Uscite	

Sì, perché no!		
No, purtroppo oggi non posso:	vado	a ...
non possiamo:	andiamo	in ...
		da ...
	esco	con ...
	usciamo	in ...

Le TV private in Italia

1972: è l'anno di nascita delle prime televisioni private in Italia. Finisce così il monopolio della RAI, la televisione di Stato. All'inizio le TV private sono più di 400: 30 a Roma, 20 a Milano, ma molte anche nelle piccole città di provincia. Sono finanziate da industriali, editori, partiti e gruppi politici. 24 ore su 24 ci sono moltissimi film, telefilm, cartoni animati e molta pubblicità. Dopo le 11 di sera poi ci sono film erotici che mamma RAI non presenta.
1984: le TV private negli ultimi anni hanno avuto un'importante evoluzione: molte non esistono più, mentre tre di queste – Canale 5, Italia 1 e Rete 4 – non hanno più carattere locale, ma entrano nelle case di quasi tutti gli italiani e sono in grande concorrenza con la RAI. Ci sono meno film erotici, ancora più pubblicità, programmi di varietà e telefilm americani.

Televisioni private

*I programmi di Canale 5, Rete 4 e Italia 1 sono riportati con i programmi della rete nazionale.

TELE MONTE PENICE

8.30 Oroscopo; **8.35** Cartoni: Grand Prix; **9.50** Telefilm: Peper Moon; **10.30** Sì o no; **12.30** I° trofeo di ballo internazionale; **13** Film: Professionisti per un massacro; **14.30** Telefilm: PeperMoon; **15.00** Lola Montes; **16.40** Tuttomotori; **17.40** Speciale spettacolo; **17.45** Cartoni: Zambot tre; **18.10** Basin street jazz bar; **18.40** Cronache del cinema; **18.50** Superclassifica show; **19.40** Oroscopo; **19.45** Sport: Notizie flash; **20** Cartoni: Zambot tre; **20.25** Speciale spettacolo; **20.30** Telefilm: The Corruptors; **21.30** Film: Una bella grinta; **23.00** Questo grande cinema; **23.20** Film: L'uomo che uccideva a sangue freddo; Telefilm: Brothers and sisters; Oroscopo.

Si può vivere senza TV

5 sono le famiglie italiane che prendono parte ad un singolare esperimento della rivista televisiva «Sorrisi e canzoni TV»: per quattro settimane si impegnano a non accendere la loro TV e nello stesso tempo a registrare per iscritto tutte le reazioni della famiglia in questa nuova, strana situazione.

Gli organizzatori dell'esperimento ci dicono: «La gente oggi vede nella TV un mezzo per non essere più soli, ma anche un mezzo per dimenticare i propri problemi, per isolarsi in famiglia e nella società dopo tante ore di lavoro. Uomini e donne, vecchi e bambini passano ore e ore davanti all'apparecchio televisivo, senza parlare con nessuno. La TV oggi è per molte persone una vera e propria droga. Ma questo è sbagliato: la TV non è né più né meno che un mezzo di comunicazione. Ognuno ha la possibilità di dire: ‹Questo programma mi piace e lo guardo, questo no e perciò non lo guardo›, e fare così una selezione. Abbiamo fatto questo esperimento proprio per dimostrare che da una parte oggi è impossibile vivere senza televisione, ma dall'altra è possibile non essere schiavi della televisione e guardare i programmi a piccole dosi.»

«In questa prima settimana tutto è andato veramente bene, siamo restati a casa e abbiamo passato le serate insieme a parlare, a giocare a carte e a leggere» ci ha detto il signor Lizzi che con la sua famiglia prende parte all'esperimento. «Ma la prossima settimana... mio figlio di 5 anni vorrebbe vedere almeno qualche volta i cartoni animati e a me manca il telegiornale. Mia moglie invece è contenta perché stiamo più tempo insieme.»

Ed un'altra madre di famiglia: «Senza TV la sera andiamo spesso fuori, al cinema, a teatro o a casa di amici. Naturalmente queste serate sono più care. Ma posso dire che sono felice di questo esperimento. La prossima settimana però c'è una partita molto importante in TV e andiamo tutti a casa di mio fratello. Ho domandato agli organizzatori dell'esperimento se si può e hanno detto di sì.»

Unità 9

ti invito: Carlo
alle ore: 16⁰⁰
il giorno: 21 dicembre
in via: Rossini 41
da: Federica

1

– Ceni con noi, Giacomo? Ho preparato i tortelloni alla panna.
– Tortelloni?! Ed io non posso restare, che sfortuna! È già tardi e alle nove devo registrare una trasmissione dalla radio.

2

– Oggi pranzi da me, Carla, va bene? Rosa ha fatto il pasticcio di broccoli.
– Grazie, signora, accetto molto volentieri. A che ora mangiate?
– Fino a quando devi stare all'esposizione?
– Posso essere qui all'una e mezza.
– Va bene così, allora mangiamo verso le due.

3

– ... allora, arrivederci, signor Lugarini, e grazie di tutto.
– Ma come, deve proprio andare, dottore? Perché non prende il prossimo treno e resta a cena da noi? Mia moglie ha preparato il pollo arrosto ... e lo sa fare molto bene!
– Grazie dell'invito, ma purtroppo devo rifiutare. Stasera i miei mi aspettano – sono in giro già da una settimana! – e domani mattina presto in ufficio dobbiamo ancora preparare molte cose per la fiera di Francoforte.
– Peccato! Ma capisco ... Allora tanti saluti ai Suoi!
– Grazie! Un'altra volta resto volentieri.

4

– Senti, Gino, tu e Lisa mangiate qualcosa qui con noi, no? Ho preparato i cannelloni e una bella insalata... O dovete andare via anche voi?
– Ma no! Accettiamo molto volentieri, se non disturbiamo.
– Ma scherzate! Siamo contenti di avervi ancora un po' qui da noi!
– Oh, grazie! E i De Luca non restano?
– No. Devono andare a prendere il loro figlio all'aeroporto e poi... la signora sta a dieta!

1

Mangi		con me	Sì,		volentieri,	se non disturbo
Mangia		con noi		accetto		
Mangiate				accettiamo	con piacere,	se non disturbiamo
Pranzi		da me	No,	mi dispiace, ma	non posso	perché...
Pranza		da noi		ci dispiace, ma	non possiamo	
Pranzate						
Ceni					aspetto	ospiti
Cena					aspettiamo	una telefonata
Cenate		?			**devo**	andare...
					dobbiamo	ancora fare...
Resti	a colazione					rifiutare, perché...
Resta	a pranzo					
Restate	a cena					

2

Devi	già andare	Non resti	a...	No,	**devo**	ancora	telefonare a...
Deve		resta	da...	purtroppo			portare... a...
Dovete		restate			**dobbiamo**		andare a prendere...
	?		?				preparare molto per...
							studiare per...
							fare i compiti
							fare alcuni lavori
							scrivere una lettera
							raggiungere i...
							finire una traduzione
							pulire la casa

Unità 9

5

– Rimanete da noi per il fine-settimana, Claudia? Fa bel tempo e così possiamo fare il bagno, prendere il sole, andare in barca, fare una bella passeggiata al faro, provare il nuovo ristorante e ...
– Sì, sarebbe molto bello e ti ringrazio, ma purtroppo dobbiamo partire, Enrica: io devo finire una traduzione entro lunedì e Carlo vorrebbe andare al Festival della Canzone Popolare.
– Peccato! Ma prima di partire dovete mangiare ancora qualcosa di buono! Una frittura di pesce, va bene?
– Oh sì, grazie!

6

– Pronto, Carmela? Sono io, Lia.
– Ah, ciao Lia!
– Senti, ho saputo dai tuoi genitori che il fine-settimana tu e Sandro siete qui a Parma per un convegno. Sarei tanto contenta di rivedervi dopo tanto tempo! Siete liberi sabato sera?
– Sì, ma non sappiamo ancora fino a quando durano le discussioni.
– Non fa niente. Preparo qualcosa di freddo e potete dormire qui da noi. Così possiamo almeno chiacchierare un po'.
– Benissimo, Lia, e grazie dell'invito!
– Allora vi aspetto sabato in serata!

Wir kennen die Konditionalformen:

vorrei	– ich möchte		*Ebenso:*	
vorrebbe	– er/sie möchte		**sarei**	– ich wäre
	Sie möchten		**sarebbe**	– er/sie/es wäre
				Sie wären

👥 3

Ho	preparato fatto	il pasticcio, pollo arrosto, la frittura di pesce, i tortelloni alla panna, cannelloni,	perché non	mangiate pranzate cenate restate rimanete	da me noi
Leo ha	detto che scritto che	avete tempo stasera, siete qui domani,		passate venite dormite	

?

Sarebbe molto bello,⎫
Grazie dell'invito, ⎭ ma purtroppo ⎰ non possiamo accettare, dobbiamo ...
                                     ⎱ dobbiamo rifiutare, perché ...

7

– Sentite! Oggi vi invito tutti quanti a casa mia e ci facciamo una bella mangiata. Ho comprato al mercato tante belle cose: mozzarella e altri formaggi, melanzane, pomodori, insalata e un bel cocomero. Facciamo una buona parmigiana!
– Benissimo! Grazie dell'invito, Stella!
– Ma Klaus e Rita non lo sanno ancora. Chi li può informare?
– Io parlo con Rita, la incontro questo pomeriggio a lezione.
– Ed io posso dirlo a Klaus, lo vedo alla prova.
– Bene. Allora a stasera!

4

Possiamo invitare anche	Mario, Maria, i Luca, Lea e Ria,	lo la li le	vedi vede vedete	domani ❓	Sì	lo la li le	incontro incontriamo	a ...

Das Personalpronomen im Akkusativ:

mi conosce	mich	
ti invito	dich	
lo vedo	ihn, es	
la incontro	sie	
ci chiama	uns	
vi invito	euch	
li informo	sie (m)	
le raggiungo	sie (w)	

Die Stellung des unbetonten Personalpronomens ist anders als im Deutschen. Üblicherweise steht es *vor* dem konjugierten Verb:
mi conosce – er kennt **mich**

Steht nur der Infinitiv, wird es *angehängt*:
Sarei contento di veder**la** – **sie** zu sehen

Im Gegensatz zum Deutschen stehen im Italienischen ebenfalls mit Akkusativ:
aiutare – helfen
ringraziare – danken

Steht ein konjugiertes Verb mit Infinitiv (andare, venire, sapere, potere, dovere, volere), gibt es *zwei Möglichkeiten:*
li posso informare – posso informar**li**

---

prima di + Infinitivsatz = **bevor** bei gleichem Subjekt in Haupt- und Nebensatz:
prima di partire dovete ... – bevor ihr abreist, müßt ihr ...
prima di partire ti telefono – bevor ich abreise, rufe ich dich an

8

– Pronto, Luca? Sono io, Simonetta! Sono entrata proprio adesso nella mia stanza e ho visto i due biglietti ... ma come hai fatto a trovarli, proprio all'ultimo momento???
– Sai, per me niente è impossibile ...
– Lo so, lo so ... quasi niente ...! Ma, scherzi a parte, è stata una bella sorpresa. Naturalmente ci vengo molto volentieri. Ho letto la critica: è molto buona! Ci incontriamo davanti al teatro?
– Non sarebbe meglio andarci insieme? Vengo a prenderti ... diciamo alle 8 meno un quarto?
– Benissimo. Grazie dell'invito e un bacione!

5

| E | Mario / Maria / i Borghi / le amiche di ... | Perché non | lo inviti / la invita / li invitiamo / le invitate | | Ma non | sai / sa / sapete | che non | c'è?! / ci sono?! |

6

| Ho
Abbiamo | un biglietto

due biglietti | anche per | Lorenzo,
Lorenza,
i Funari,
le amiche di …, | ma non | lo
la
li
le | vedo
vediamo | più oggi. |

| Lo
La
Li
Le | posso
possiamo | informare io,
noi, | lo
la
li
le | incontro
incontriamo | a mezzogiorno
nel pomeriggio
alle …
verso sera | alla

al
da | mensa
prova
lezione di …
trattoria
bar
amici
… |

9a

15-11-1984

Cara Ute,

ho saputo da Piero che hai avuto molto da fare nell'ultimo periodo, che hai fatto gli esami e che sono andati bene. Congratulazioni! Ho tanta voglia di rivederti e perciò vorrei invitarti a venire qui da noi al mare. Domenica i miei genitori vanno in America da parenti ed io resto sola con le mie sorelle. Non le conosci ancora, vero? Sono molto allegre e simpatiche.

Se puoi venire, siamo in quattro - sarebbe tanto bello! Qui fa ancora caldo, mentre da voi fa fresco, come ho letto sul giornale. Una ragione di più per venire qui! Aspetto una tua telefonata per giovedì o venerdì sera.

Con un affettuoso abbraccio

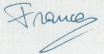

9b

– Ciao, Franca!
– Ah, sei tu, Ute! Stai bene? Puoi venire?
– Sì, sì. Sono molto contenta del tuo invito! Ho proprio bisogno di un po' di vacanza e mi rallegro anche di conoscere le tue sorelle! Per me sarebbe ideale arrivare domenica verso le cinque.
– Benissimo: i miei genitori devono partire alle quattro e mezza: io li porto all'aeroporto e poi vengo a prenderti alla stazione.
– Che bello! Non vedo l'ora di stare un po' con te!
– Anch'io! Ciao e a domenica!

ANCORA CALDO NEL CENTRO-SUD. ARIA FRESCA E NUVOLE AL NORD.

7

Vorrei invitare anche	Carlo,	lo	conosci	?	Ma sì che	lo	conosco
	Carla,	la	conosce			la	
	gli Scippi,	li	conoscete			li	conosciamo
	le sorelle di …,	le				le	

10

Cara signora Ritossa,

può venire da noi, stasera? Carlo ha superato gli esami di laurea e per questo lo festeggiamo. La festa è dalle nove in poi, perché prima gli altri non possono.

      Cordiali saluti
      Ornella Borracchio

P.S. Può portare alcuni piatti? Sarebbe tanto gentile, perché i miei non bastano per tutti.

11

Milano, 5 luglio

Cara Johanna,

  due righe per comunicarvi una bella notizia: ieri ho superato con successo anche l'ultimo degli esami finali di diploma, e sono così diventata traduttrice e interprete a pieno titolo!

  Vorrei festeggiare l'avvenimento senza formalità, ma con molta allegria, in famiglia e insieme con gli amici più cari. Tu sei naturalmente tra questi, perciò sarei molto lieta di vederti qui sabato, 17 luglio, verso le cinque. È chiaro che l'invito vale anche per tuo marito.

  Mi puoi chiamare per una conferma entro venerdì? OK?

       Cordialmente
       Ivana

Domani **Città Mercato** è aperta per il tuo risparmio spesa

GIUGNO 24 S. GIOVANNI

BUON ONOMASTICO

Giovanni, Giovanna, Gianni, Gianna, Giannina...
Ti aspettiamo domani con una squisita torta in regalo per te

Buon Onomastico

12b

Milano, 28/8/84

Bianca carissima,
ti ringrazio tanto per il tuo invito. Veniamo certamente, con i ragazzi, e ci rallegriamo molto di poter essere presenti alle vostre nozze!

Ti saluto affettuosamente

Giulia

12a

Cervignano, 20 agosto 84

Carissima Giulia,
il 23 settembre alle 10 Piero ed io ci sposiamo nel municipio di Cervignano. Tu, Mario ed i ragazzi siete invitati, naturalmente. Se non potete venire alla cerimonia, venite direttamente al ristorante «Alla Posta». Festeggiamo lì con alcuni amici e tutta la famiglia.

Con tanti saluti affettuosi

Bianca

12c

Milano, 19-9-84

Carissimi,
ci dispiace moltissimo di dover rinunciare all'ultimo momento al vostro invito. I ragazzi hanno la varicella e non possiamo lasciarli soli. Che sfortuna! Sarebbe stato tanto bello trascorrere con voi questa giornata di festa! In ogni caso Mario, i ragazzi ed io facciamo i nostri migliori auguri a te e a Piero.

Cari saluti e baci

Giulia e Mario

Regelmäßige Bildung des Adverbs aus dem Adjektiv durch Anhängung von **-mente** an die weibliche Form:

il treno diretto — venire dirett**amente**
un saluto affettuoso — salutare affettuos**amente**
una comunicazione breve — comunicare brev**emente**
un saluto cordiale — salutare cordial**mente**

Nach *-ale* und *-ile* fällt das «e» weg: naturale – naturalmente; difficile – difficilmente

Unregelmäßige Adverbbildung: buono/-a — **bene**; brutto/-a — **male**

Achten Sie auf die Steigerungsformen: **buono/-a → migliore; bene → meglio**

Matrimonio religioso o matrimonio civile?

In chiesa o al municipio, questo è il problema. Ufficialmente gli Italiani sono quasi tutti cattolici – il 96% –, ma di essi solo il 30% va a messa la domenica. Quando arriva il momento di sposarsi però, pochi rinunciano alla cerimonia in chiesa per sposarsi solo civilmente (l'11%).

Bisogna poi sapere che in Italia il matrimonio religioso vale anche agli effetti civili: chi si sposa in chiesa, dopo la cerimonia, deve firmare in sacrestia anche il contratto di matrimonio civile e così è sposato anche per lo Stato. Ma le cose cambiano ed oggi si registra una nuova tendenza. Ci sono zone in Italia dove i matrimoni civili sono il 15% e più: a Trieste il 40%, a Milano il 19% e a Napoli il 16%.

Se lasciamo le grandi città del nord e del sud e guardiamo la situazione nelle zone di campagna, vediamo che i matrimoni civili sono invece molto rari, e questo al sud come al nord: nel Veneto (in provincia di Verona) e in Calabria (in provincia di Reggio) le percentuali sono circa del 5%.

13

– Pronto, Vincenzo? Sono io, Giuseppe. Sto finendo di montare il film delle vacanze. Avete voglia di guardarlo? Potete venire dopo cena?
– Sì, veniamo volentieri. Tanto più che stiamo pensando di andare anche noi in Sicilia l'anno prossimo!

14

– Ciao, Tina. Paolo ed io stiamo organizzando una festicciola per stasera e vogliamo invitare alcuni amici. Possiamo giocare a carte ... io ho già preparato le lasagne. Vieni su anche tu?
– Purtroppo non posso, stasera devo proprio lavorare. Sto scrivendo una relazione. Sono ancora all'inizio e la devo finire entro giovedì. Finché non ho risolto questo problema non posso pensare ad altro.
– Poveretta! Allora buon lavoro! Mi faccio sentire giovedì.

Lasagne al forno

Das Gerundium im Italienischen:		
studi**are**	– studi**ando**	
scriv**ere**	– scriv**endo**	
dorm**ire**	– dorm**endo**	*aber:*
fare	– **facendo**	
dire	– **dicendo**	

«stare» + Gerundium steht im Italienischen, um eine gerade stattfindende Handlung auszudrücken:

sta telefonando	– er telefoniert gerade
sto leggendo	– ich lese gerade
sta uscendo	– sie geht gerade weg

Das Gerundium ist immer unverändert.

15

– Pronto, Nina?! Che cosa stai facendo di bello?
– Oh, niente di speciale: sono in cucina e sto preparando il pranzo. A proposito: se hai voglia, puoi mangiare con noi.
– Ma, veramente, sto facendo una dieta.
– Neanche noi mangiamo molto con questo caldo.
– E che cosa prepari di buono?
– Faccio un minestrone e poi saltiamo il secondo, ma per te posso fare un'insalata e un po' di formaggio.
– D'accordo, vi faccio volentieri compagnia! E voi mi potete raccontare qualcosa delle vostre vacanze.

👥 8

C'è	Carlo	Vorrei	invitar**lo**	a ...
	Carla		invitar**la**	
Ci sono	Leo e Dina		invitar**li**	
	Lea e Dina		invitar**le**	

❓

Purtroppo ora	sta	lavorando
non può		aspettando una ...
non possono	stanno	riparando la macchina
		studiando con ...
		preparando ...
		giocando a ...
		portando gli amici a ...
		facendo il bagno
		una traduzione
		prendendo il sole
		scrivendo una ...
		uscendo con ...
		dormendo

16a

Milano, 18/3/84

Egregio dottor Fried,

sono venuto a sapere dal dottor Grassi, con cui ho parlato ieri al telefono, che questa volta ha intenzione di venire in Italia per un periodo più lungo. Questa sarebbe una buona occasione per vederci con più calma e non solo durante i nostri colloqui d'affari in ditta o tra un aereo e l'altro.

Sarei perciò molto lieto di averLa ospite nella nostra casa in campagna, vicino a Milano, per tutta la durata del Suo soggiorno.
Nella speranza di vederLa presto da noi e in attesa di una Sua conferma

La saluto cordialmente

Giovanni Nardi

16b

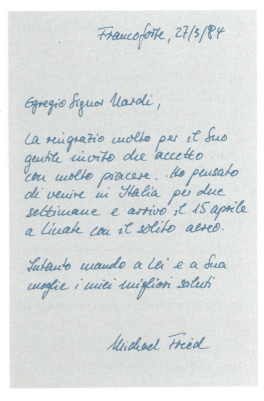

Francoforte, 27/3/84

Egregio Signor Nardi,

La ringrazio molto per il Suo gentile invito che accetto con molto piacere. Ho pensato di venire in Italia per due settimane e arrivo il 15 aprile a Linate con il solito aereo.

Intanto mando a Lei e a Sua moglie i miei migliori saluti

Michael Fried

17

Gentile signora,   Roma, 15 maggio '85

certamente Lei sa già che alla fine di questo mese ci trasferiamo a Torino a causa del lavoro di mio marito. Avendo il desiderio di salutare prima tutti i nostri conoscenti ed amici, con cui abbiamo passato un periodo così bello qui a Roma, mio marito ed io abbiamo pensato di organizzare una festa di addio a cui La invitiamo cordialmente.
La festa ha luogo il 25 maggio alle ore 19⁰⁰ presso il locale "Il boschetto" in via Mastro Verde 31.
Sperando di ricevere una Sua risposta positiva e di vederla alla nostra festa
                    La salutiamo con affetto
                        Suoi
                    Beatrice e Dino Alighieri

Das Gerundium kann (bei gleichem Subjekt in Haupt- und Nebensatz) für Konjunktion + konjugiertes Verb stehen z. B.:
Kausalsatz (= Begründung):
Avendo il desiderio di ... =
Siccome abbiamo il desiderio di ... –
da wir den Wunsch **haben** zu ...

Außerdem können durch das Gerundium zwei Hauptsätze miteinander verbunden werden:
Sperando di ... La salutiamo ...
Wir hoffen ... und grüßen Sie ...

Das Relativpronomen
che (Sg. und Pl., männl. und weibl.) wird nach einer Präposition zu **cui**:

Franco		ha telefonato
	che	
Franca		ho visto ieri
	con cui	ho parlato
	da cui	sono stato ieri
I Biagi	a cui	ho scritto
	di cui	avete parlato

Wir kennen das Akkusativpronomen
la = sie *ebenso:*
La = Sie (für Herrn oder Dame)

Auch in der Bedeutung von «das ist, das sind» richtet sich **questo** nach dem Substantiv:

quest**a** occasione è buona   quest**a** è una buona occasione
quest**e** lasagne sono buone   quest**e** sono delle buone lasagne

9

Perché non inviti anche	il ragazzo gli amici la ragazza le amiche	con da di	che cui	abita qui vicino hai conosciuto a … sei stato/-a a …, in … studi hai passato il weekend mi hai tanto parlato

Lo Li La Le	vorrei invitare,	ma	non c'è / è partito per … non ci sono / sono andati in vacanza è andata via / è all'ospedale hanno l'influenza / sono malate

10

| Pronto, | signora …
signor … | La | disturbo
chiamo
cerco | perché vorrei | invitarLa
portarLa
vederLa
incontrarLa
salutarLa
averLa
venire a
  trovarLa
passare a
  prenderLa | a pranzo
a cena
a teatro
in città
a casa mia
qui da noi
a casa Sua
in ufficio
e poi … | domani
stasera
venerdì
sabato
domenica
… |
|---|---|---|---|---|---|---|---|

D'accordo	signora … signor …		La	ringrazio vengo a trovare vedo aspetto	molto molto volentieri con piacere	

Scusi				posso richiamare
				  raggiungere
				  trovare
					più tardi, perché adesso …
					sto …	

		ma io non La		sento molto male. sento bene. conosco.	La linea è disturbata. Ha sbagliato numero!	

Unità 9

La Germania e l'Austria invitano

Heidelberg: Festival d'Agosto

Per tutto il mese d'agosto hanno luogo ad Heidelberg, nel celebre Castello, gli spettacoli del festival musicale. Anche quest' anno il programma prevede opere e concerti.

Mannheim: Settimana italiana

Il 16 settembre si apre a Mannheim la settimana italiana, organizzata dal Comune di Mannheim, dall'Ambasciata Italiana di Bonn, dal Consolato d'Italia, dall'ENIT, dalla Camera di Commercio e Industria di Mannheim, dal Sindacato tedesco (DGB) e da altri enti italiani e tedeschi. Il programma è molto ricco e prevede:

Mostre
pittura, scultura, disegni, grafica, libri, design, turismo;

Musica
musica barocca, corale, folk, jazz;

▲ *Il Castello di Heidelberg*

Teatro
gruppi teatrali italiani e tedeschi;

Cinema
retrospettiva del cinema italiano del dopoguerra: Fellini, Antonioni, Bertolucci, Visconti, Pasolini;

Convegni
colloqui universitari, incontri sullo scambio italo-tedesco nel settore culturale, economico, turistico;

Sport
tornei di hockey, palla a volo, atletica e calcio;

Crociere sul Reno

La compagnia di Navigazione Renana organizza anche per quest'anno crociere con una disponibilità di 66.000 posti-cabina. Sono in programma 4 crociere sul Reno in 4 diversi paesi (Svizzera, Repubblica Federale, Francia, Olanda), con combinazioni turistiche o di lusso ed una crociera lungo la romantica valle della Mosella. Durata del viaggio: due giorni. Le confortevoli navi di linea sono a disposizione anche di congressisti e gruppi di lavoro.

Germania... Perché il romanticismo è sempre di moda

In Germania il romanticismo è nell'aria, nelle cose, negli avvenimenti culturali. Qui siamo ad un concerto da camera del festival di Schwetzingen nel misterioso e romantico castello.
In Germania ci sono sempre manifestazioni musicali e teatrali, tutte in luoghi meravigliosi: l'unico problema è decidere qual è quello più adatto al vostro «momento romantico».
La Germania poi Vi offre delle buone combinazioni: pensate che a Schwetzingen una camera singola con bagno costa solo 55 DM al giorno!

«Vienna è di nuovo la metropoli che mio nonno ha sempre amato»

Vienna è di nuovo la vecchia grande città. Una volta il punto centrale d'Europa. Oggi una capitale internazionale, una città che si può ritrovare. Monumenti imponenti, la Scuola Spagnola di equitazione e i Ragazzi Cantori Viennesi.
A Vienna c'è la più grande collezione di quadri italiani fuori dell'Italia. Chiese. Monumenti. Musei.
Ma Vienna non vive solo di passato. La città. I negozi. Anche quelli che tutti conoscono: Fiorucci, Dior, Cerruti, Armani. Le boutiques dei nuovi stilisti della moda austriaca.
Fare lo shopping a Vienna. Andare a passeggio. Divertirsi di giorno, di notte. Le nuove gallerie. I negozi di antiquariato, una visita al casinò e ottimi ristoranti. Che ne dite?
Vienna offre di più!

Unità 9

Unità 10

1

— Ti posso offrire qualcosa da bere, Lucia? Un aperitivo?
— Grazie, sì, Carlo ... ma niente di forte, per favore ... con questo caldo! Hai un analcoolico?
— Sì, un bitter, ti va?
— Grazie, lo bevo volentieri!

2

— Che cosa bevete? Vi posso dare qualcosa di fresco? Una spremuta d'arancia? Un succo di albicocca?
— Una spremuta d'arancia, Gianni! La prendo volentieri, perché ho molta sete.
— E tu Marisa, che cosa bevi?
— Per me piuttosto il succo di albicocca.

L'ACQUA LA BEVANDA DEI MESI CALDI

Fra le varie bibite è la più dissetante, ma bevuta non troppo fredda – Evitare i superalcolici

„Sono stanca, andiamo a bere qualcosa?" Una birra? O un succo di frutta? Oppure un'aranciata? O forse una limonata? O magari una coca?

Ma non è importante che cosa avete voglia di bere, importante è sapere che intorno a quello che bevete c'è il vetro.

Con una bella birra a tavola si beve bene e si mangia meglio. Perché la birra:
- è buona, gustosa, appetitosa,
- è sana e genuina,
- è leggerissima: solo 3 – 4 gradi alcolici,
- va benissimo con tutti i piatti.

Questa è la birra:
la meravigliosa bevanda „4 stagioni".

Birra...e sai cosa bevi!
Produttori Italiani Birra

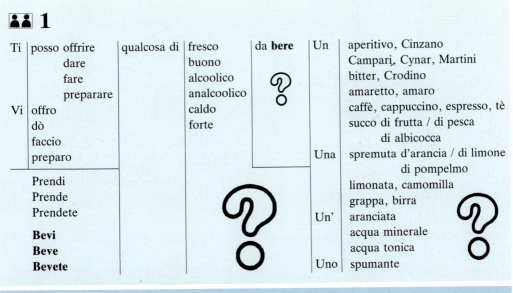

1

Ti	posso offrire / dare / fare / preparare	qualcosa di	fresco / buono / alcoolico / analcoolico / caldo / forte	da **bere**	Un	aperitivo, Cinzano Campari, Cynar, Martini bitter, Crodino amaretto, amaro
Vi	offro / dò / faccio / preparo					caffè, cappuccino, espresso, tè succo di frutta / di pesca di albicocca
					Una	spremuta d'arancia / di limone di pompelmo limonata, camomilla grappa, birra
	Prendi / Prende / Prendete				Un'	aranciata acqua minerale acqua tonica
	Bevi / **Beve** / **Bevete**				Uno	spumante

No, grazie,	Sì, grazie,	Mah, non lo so,
adesso non **bevo** niente / prendo / ho sete ho già **bevuto** un .../una ... adesso no, forse più tardi	... lo bevo volentieri / ... la prendo / ... l' accetto	forse è meglio ... preferisco ... prendo piuttosto ... mi/ci puoi dare/fare invece un.../una...

3

– ... ma ha certamente molta fame dopo il viaggio, signora Casiraghi. Che cosa Le posso offrire?
– Se non Le dispiace, signora Masi, solo qualcosa di leggero: sa, ho un po' di problemi di digestione.
– Capisco. Come primo preferisce una minestra o Le faccio un po' di pasta al burro?
– La minestra mi va bene, grazie.
– E poi, per secondo? Una fettina di vitello con un po' di verdura cotta?
– Sì, Lei è molto gentile, grazie.

RISTORANTE

«AL PRIMO PIATTO»

*Siamo solo all'inizio
e già tanti
parlano di noi!*

Quando hai troppo lavoro
Quando non hai più voglia di stare a casa
Quando ti senti solo o sola
Quando il traffico ti rovina i nervi

Non perdere la calma
Vieni al Primo Piatto –
da noi tutto è più rosa!

I Campioni italiani di basket del Billy hanno festeggiato „Al Primo Piatto" la loro vittoria.

2

Che cosa	**Le**	posso	offrire	da	bere	signora
			dare		mangiare	signore
			preparare			...

Qualcosa di	forte	se non **Le**
	fresco	dispiace
	analcoolico	
	freddo	
	caldo	
	leggero	

3

| Che cosa | ti
Le
vi | offro
faccio
preparo | a
per | colazione,

pranzo,

cena, | un tè, caffè…,
  panino
una brioche
  cioccolata
un minestrone
  risotto
  arrosto
  pasticcio
una parmigiana
  frittura di…
  pasta asciutta
spaghetti
tortellini
cannelloni
lasagne | Grazie, | lo
la
li
le | prendo
prendiamo | volentieri. |

*Facciamo così; prima ti alzi
tu e domandi se puoi telefonare.
Poi mi alzo io e domando dov'è
la toilette; e ci vediamo a casa …*

*C'è qualcuno che invece
preferisce qualcosa di forte?*

Unità 10

4

– E che cosa Le faccio di buono stasera? «Kassler» con crauti e patate? Le piace?
– I crauti mi piacciono, ma «Kassler» non lo so. Che cos'è?
– È carne di maiale preparata in modo particolare. È una nostra specialità. Bisogna assaggiarla.
– Bene, la provo molto volentieri.

5

– ... allora domani siete già qui all'ora di pranzo, che bello! E che cosa posso offrirvi? Ho pensato di farvi i ravioli in brodo e poi un bel piatto di fegato alla veneziana con polenta. Vi va?
– Buona idea! I tuoi ravioli ci piacciono molto e poi il fegato ...!
– E per i bambini? Anche per loro un po' di brodo?
– Ma sai, mamma, il brodo non gli piace ... ma per loro non c'è problema: Per Angelina prendi un po' di salsa e le facciamo due spaghetti e Francesco ha la sua pappa, gli basta ...
– Bene. Allora a domani! Buon viaggio!

FEGATO ANCHE NEL CESTO DEL PIC-NIC

PASTICCIO DI FEGATO IN CASSETTA

Occorrente per 6 persone - *Un pane a cassetta grande, gr. 50 di burro, sale.* Per il ripieno: gr. 150 di fegatini di pollo, un cucchiaio di aceto, gr. 150 di fegato di vitello, gr. 150 di fegato di maiale, una cipolla piccola, un rametto di salvia, 2 foglie d'alloro, sale, gr. 200 di burro freschissimo, gr. 50 di pancetta a fettine, un bicchierino di brandy, gr. 100 di lingua salmistrata tagliata in una sola fetta, una costa di sedano oppure gr. 50 di pistacchi (dal salumiere).

4

Ti	piace	il nostro	caffè
Le			vino
Vi			formaggio
			pane
		la nostra	pasta
			ricotta
	piacciono	i nostri	piatti tipici
			prosciutti
		le nostre	specialità
			olive

Oh sì,	lo	bevo	molto volentieri.
	la	beviamo	
	li	mangio	
	le	mangiamo	

5

A	Marco	**piace**	il	brodo
	Suo marito			fegato
	tuo padre			pollo
Al	tuo amico		la	carne
	Suo collega			pasta
A	Tina			verdura
	Sua moglie	**piacciono**	i	calamari
	tua sorella			crauti
	tua madre			peperoni
Alla	tua amica		gli	spinaci
	Sua collega			asparagi
Ai	tuoi figli			zucchini
	tuoi amici		le	lasagne
	Suoi			patate
				carote

Sì,	gli	**piace**	molto,	lo	mangia	volentieri.
				la		
	le	**piacciono**		li		
	gli				mangiano	
				le		

Das unbetonte Personalpronomen im Dativ:

mi	– mir
ti	– dir
gli	– ihm
le	– ihr
Le	– Ihnen
ci	– uns
vi	– euch
gli*	– ihnen

Im Gegensatz zum Deutschen stehen mit Dativ: *telefonare/ domandare/chiedere*

gli telefono – ich rufe ihn an
le domando – ich frage sie
Le chiedo – ich bitte Sie

*Beispiel:
– Quando vedi i Crotti?
– Domani. **Gli** dò lezione di tedesco.
  oder: Dò **loro** lezione di …

Das nachgestellte **loro** in der Bedeutung von **ihnen** wird in der Umgangssprache seltener gebraucht.

Aber: Cosa porto **Loro** (offizielle Anrede!)

6

– Se volete, posso prepararvi qualcosa di buono.
– Ma Bruna, non vogliamo disturbare!
– Scherzate? Vi piacciono i saltimbocca o preferite le scaloppine al marsala?
– Come vuoi tu, Bruna, per me è lo stesso.
– Allora decidi tu, Bianca.
– Va bene. Fai i saltimbocca, però noi ti aiutiamo: io faccio l'insalata e Piero prepara la tavola.
– D'accordo. E poi vi offro un buon gelato! E se lo desiderate poi andiamo fuori, e così vi faccio anche vedere il nostro nuovo appartamento.

---

piacere (schmecken, gefallen) wird im Italienischen nur mit **molto** gebraucht!
mi piace molto – es schmeckt mir gut
                  es gefällt mir gut

7

— Vuole ancora delle sardine, dottore?
— Sì, molto volentieri. Sono buonissime! Voglio proprio sapere come le fa.

— Certo, Le posso dare la ricetta. Non sono difficili da preparare e sono pronte in una quarantina di minuti.

Sardine in forno al pomodoro

Ingredienti per 4 persone:
Kg 1 di sardine, 2 cucchiaiate di pangrattato, una scatola di pomodori pelati da gr. 500, un bel mazzetto di prezzemolo tritato, due spicchi d'aglio tritati (facoltativi), olio di oliva, sale e pepe.

Esecuzione:
Pulire il pesce e lasciar scolare l'acqua. Mettere dell'olio in un tegame e aggiungere sul fondo dei pomodori a pezzetti, poi fare uno strato di sardine. Metterci sopra del pangrattato, pezzetti di pomodoro, prezzemolo, aglio, un filo d'olio, un po' di pepe e poi fare un secondo strato come il primo. Coprire il tutto con pangrattato, olio e pepe e cuocere per 40 minuti nel forno scaldato a 175°. Servire subito, ben caldo.

8

– Se vuoi, Isa, stasera posso prepararti degli spaghetti all'aglio e olio. Ti piacciono?
– E come!

– E a Giacomo?
– Penso di sì, ma lo puoi chiedere a lui direttamente.

LA QUALITÀ DELLA VITA DIPENDE ANCHE DA UN BUON PIATTO DI SPAGHETTI

Bestimmte Menge: **di**	Unbestimmte Menge: **di + Artikel** (entfällt meist bei Verneinung u. Aufzählung)	
50 grammi **di** burro	Vuoi ⎫ ancora	**della** verdura?
un bicchiere **di** vino	Vuole ⎭	**del** fegato?
un cucchiaio **di** aceto	Prendi ⎫	**delle** sardine?
una fettina **di** vitello	Prende ⎭	**dei** ravioli?
un po' **di** salsa / pasta		**degli** spaghetti?

Unità 10

6

| Vuoi
Vuole
Volete | ancora | del

dell'

dello

della

dei

degli

delle | pollo
contorno
pesce
arrosto
antipasto
insalata
spezzatino
zabaglione
carne
frutta
verdura
polenta
piselli
fagioli
saltimbocca
spinaci
zucchini
patate
melanzane | Grazie,
no | è buonissimo/-a
sono buonissimi/-e
mi ⎫ piace
ci ⎭ piacciono molto | ma non | voglio

vogliamo | mangiare
troppo |

9

– Dottore, vuole ancora delle fragole alla panna?
– Le fragole le mangio molto volentieri, ma non ne prendo troppe ... basta così. E senza panna, per favore.
– Con un po' di maraschino?
– Sì, volentieri, grazie.

10

– In frigorifero ho ancora della peperonata. Ne vuoi un po', Giuliana?
– Volentieri, ma sono a dieta ...
– Ma ne puoi prendere almeno qualche cucchiaio, tanto per assaggiarla.
– Tu sei proprio la mia rovina ...

MAGRI E FELICI MANGIANDO A VOLONTÀ

Il programma
dietetico
di Beverly Hills
per rimanere
sempre in forma

Beachten Sie: Le fragole **le** mangio volentieri. Il vino **lo** compro io.

Steht das Objekt (Satzergänzung) betont am Satzanfang, wird es durch die entsprechende unbetonte Form des Personalpronomens beim Verb wiederholt!

	della ...?			
	del ...?			
Vuoi /Prendi	dell' ...?		vuoi /prendi?	
Vuole /Prende	dello ...?	**ne**	vuole /prende?	
Volete/Prendete	delle ...?		volete/prendete?	
	dei ...?			
	degli ...?			

Im Italienischen wird der Teil einer Menge vor dem Substantiv mit **di + Artikel** und vor dem Verb *immer* mit **ne** (= davon) wiedergegeben.

mamma, posso prenderne ancora una fetta?

MANGIAR FRESCO, NON FREDDO
UN GIORNO DI DIETA ANTICALDO

Mattino
succo di pompelmo
1 fetta di pane tostato con due cucchiaini di miele e gr. 15 di burro fresco
gr. 100 di frutta fresca.
Ore 11:
una banana.

Mezzogiorno
gr. 70 di prosciutto crudo con due fette di melone
gr. 60 di mozzarella e un pomodoro con olio, origano, sale e pepe
1 bicchiere di vino bianco, fresco, sorseggiato
due piccole fette di melone.
Ore 17:
una grossa fetta di anguria fresca.

Sera
insalata mista di stagione (porzione media gr. 150)
gr. 200 di pesce grigliato o bollito
insalata di cetrioli condita con olio
1 bicchiere di vino bianco, fresco, sorseggiato
macedonia di melone, anguria e frutta di stagione.
Prima di coricarsi:
un infuso tiepido di camomilla e menta, con aggiunta di foglie di menta fresca.

7

Signore Signora Signorina	prende	del	vino dolce brodo
		dell'	arrosto amaretto insalata
		dello	strudel spezzatino
		della	minestra verdura frutta
		dei	peperoni ripieni ravioli
		delle	cozze melanzane
		degli	asparagi

Grazie,	ne	prendo volentieri	un	poco quarto piatto pezzo bicchierino
			una	porzione fetta tazza
			due	cucchiai dita

11

– Allora, che cosa ti preparo per cena?
– Mah, non lo so. Stasera non ho molta fame. Alle 7 Carugatti ed io abbiamo bevuto un aperitivo al bar ed io ho mangiato anche un tramezzino.
– Se vuoi, ci sono ancora dei peperoni ripieni di ieri e dello spezzatino.
– Ma non hai qualcosa di più leggero?
– Allora ti faccio piuttosto una bistecca con un po' d'insalata o verdura o un brodo. E c'è anche del formaggio ...
– Facciamo così: mangio un'insalata e del formaggio e poi un po' di frutta.
– La zia ha portato delle buone ciliege, ne vuoi?
– Sì, ne ho proprio voglia.
– Che cosa bevi? Un bicchiere di vino rosso?
– Sì, sì, volentieri.
– E dopo? Un caffè?
– No, grazie. Se lo prendo, poi non dormo.

8

Ho	del	buon	vino	**ne**	vuoi	❓
			prosciutto		vuole	
	della	buona	mozzarella		volete	
			uva			
	dei	buoni	fichi	lo		provare
			pomodori	la		
	delle	buone	fragole	li		❓
			ciliege	le		

Oh sì	mi	piace	molto
	ci	piacciono	
	lo	bevo	proprio volentieri
	la	mangio	
	li	provo	
	le	assaggio	
	ne	ho	proprio voglia

Unità 10

Ritorna la tavola raffinata

12

Il cameriere:	... e oggi, se vogliono, possiamo offrire Loro degli antipasti speciali ...
Il signore:	E che cosa c'è di buono?
Il cameriere:	Abbiamo melanzane alla siciliana, vitello tonnato e pinzimonio.
La signora:	E che cos'è il pinzimonio?
Il cameriere:	È verdura fresca, cruda, in una salsina di olio, pepe e sale. Se vuole, Le mostro io come si mangia.
La signora:	Bene, allora io lo provo ...

9

Oggi	**del**	buon	radicchio	**Ne**	vuoi	Sì, **ne**	prendo	un bicchiere
ho			arrosto di...		vuole		prendiamo	bicchierino
abbiamo			fritto misto		volete			quarto
			brodo		vogliono			litro
posso			pesce					goccio
offrire			gorgonzola					pezzo
possiamo			vino locale					pezzettino
offrire			Frascati					po'
			gelato					piatto
			minestrone					una fetta
			risotto					porzione
			formaggio					bottiglia
		buono	spumante					uno, una
			spezzatino					due/tre...
			zabaglione					mezza porzione
	della	buona	grappa					mezza bottiglia
			birra					
			insalata mista			lo	mangio	volentieri
			macedonia			la	mangiamo	
			mozzarella			li	bevo	
			caciotta			le	beviamo	
			minestra					
			parmigiana					
			zuppa verde					
	dei	buoni	bocconcini					
			calamari					
			peperoni					
			zucchini					
			spinaci					
			saltimbocca					
	delle	buone	tagliatelle					
			penne					
			lasagne					
			fettuccine					
			melanzane					
			sogliole					
			cozze					
			fragole					
			pesche					
			scaloppine al vino bianco					

Unità 10

L'italiano a tavola

In Italia esiste ancora la divisione tradizionale in tre pasti principali durante la giornata: la mattina c'è la colazione (detta anche «prima colazione»), da mezzogiorno e mezza in poi c'è il pranzo (che in alcune regioni si chiama «colazione») e la sera, dopo le otto e mezzo, la cena (che alcuni italiani chiamano «il pranzo»). E poi, per chi vuole, ci sono «spuntini», «merende» e «merendine» tra un pasto e l'altro.

Ma il modo di vivere in Italia è in continua evoluzione e anche a tavola l'italiano sta cambiando. Certamente resta l'abitudine di mangiare a pranzo e a cena un pasto caldo e più sostanzioso e di non fare quasi colazione – si prendono solo una tazza di caffè, due biscotti e della marmellata a casa, o il famoso cappuccino con la brioche o con una pasta al bar, prima di andare a lavorare. Il breakfast britannico non ha avuto successo.

Per motivi pratici però, oggi il pranzo è più limitato, anche se resta la divisione in primo, secondo, contorno, frutta e caffè. Il primo piatto oggi non c'è quasi più sulla tavola di quelli che sono a dieta, ma resta per gli altri, anche se sono soltanto «due spaghetti». Il secondo è quasi sempre una bistecca o una fettina con l'insalata.

C'è naturalmente gente che a pranzo mangia alla mensa o va al bar e si prende un panino, un tramezzino, un toast in piedi, ma ci sono ancora molti italiani che preferiscono fare chilometri e chilometri di andata e ritorno per andare a pranzo a casa.

formaggio
che buono lo spuntino che buona la cena

Ci sono molte occasioni per gustare il formaggio, tutte ugualmente appetitose e nutrienti. E si può scegliere fra tanti gusti diversi. Quello che non cambia mai è il piacere di un cibo sano e genuino. Il formaggio è così ricco di proteine, vitamine e sali minerali da costituire un alimento completo. Una vera e propria risorsa di energia per tutti e, in particolare, per i più giovani. Oggi, il formaggio è una scelta pratica ed intelligente. Per vivere meglio.

formaggio, una buona scelta

COMITATO ITALIANO FONDO DI CORRESPONSABILITÀ

Cibi dietetici pronti da consumare

Come in America, Germania e Francia, anche a Milano da qualche tempo è possibile portarsi a casa un pranzo già cucinato, a basso costo e «tutta salute», basato su ottimali principi dietetici. *«L'angolo della natura»* – così si chiama – vuole essere una tavola calda speciale, che offre carni bianche, primi piatti tradizionali, preparati senza grassi, con calorie e proteine in giusta quantità, che nutrono lasciando un senso di leggerezza e digeribilità.

«Noi seguiamo tutto il ciclo, dalla produzione alla consumazione», ci dice la direttrice. «I prodotti freschi vengono dalla nostra fattoria di campagna ‹la Gina›, vicino a Pavia, dove lavoriamo secondo principi di agricoltura ‹pulita›, senza troppe sostanze chimiche. Questo ci permette di fare una politica dei prezzi bassi: da noi un primo costa 800 lire, un secondo di carne 1600, un secondo di verdure 1200, il dolce dalle 600 alle 800 lire.

I nostri primi piatti tipici: tortellini di magro, crêpes con funghi e zucchini, lasagne verdi con verdure, insalata di riso. Per quanto riguarda i secondi, abbiamo lo spezzatino di carne bianca (tacchino o pollo), il pollo in umido, il coniglio al mais. Tra le verdure c'è un piatto speciale: l'insalata di germogli di soia, ricca di proteine vegetali. Tra le bibite c'è il tè alle more e al gelsomino e per quelli che proprio vogliono il vino, un rosato a bassa gradazione alcoolica.»

Buoni cibi da portarsi a casa o in ufficio nella pausa di mensa. L'orario di *«L'angolo della natura»* è dalle 9.30 alle 14 e dalle 16.30 alle 19.30.

Sì, sì, sono molto contento della mia nuova dieta vegetariana!

Unità 10

C'è bisogno di aiuto?

13

— Che cosa stai facendo in cucina? Hai bisogno del mio aiuto, Camilla?
— No, no, ho quasi finito, grazie, Rosa.
— Ma ti dò volentieri una mano, se vuoi.
— Se ne hai proprio voglia, puoi mettere via quella roba che sta sul tavolo.
— E dove la metto?
— I piatti e i bicchieri vanno lì in alto a destra e le altre cose lì a sinistra in basso.
— Capito! ... E poi?
— Già che ci sei, puoi accendere il fuoco sotto la pentola e mettere sale nell'acqua, per favore?
— Certo! E preparo la tavola, va bene?
— Sì, ma possiamo farlo insieme.
— In quanti siamo?
— In sette ... Hanno suonato ...
— Vado ad aprire io la porta!

14

- Pronto, signora Boriosi? Ho sentito da mio figlio che Lei non sta bene ed è a letto con la febbre. La posso aiutare? Le occorre qualcosa in farmacia?
- Oh sì, signora Carli, dell'aspirina e uno sciroppo per la tosse. Ho qui la ricetta del medico.
- Bene. Allora vengo giù ... Le serve anche qualcosa al mercato? Io ci vado in ogni caso.
- Non ho più frutta in casa: mi servono delle banane e qualche mela per il bambino.
- A proposito: Le posso tenere io Stefano oggi pomeriggio?
- Lei è molto gentile, grazie, ma non è necessario: alle tre viene mia madre.
- Ma forse posso andare almeno a prenderlo all'asilo all'una.
- Oh, grazie, sarebbe molto gentile!

15

- C'è bisogno di aiuto? Posso esserLe utile in qualche modo, signora?
- Sì, grazie: ho un guasto, il motore non parte e fa strani rumori. Sarebbe così gentile da chiamare l'ACI?
- Certo, lo faccio senz'altro.
- Grazie, Lei è molto gentile!

Das Verb **brauchen** wird im Italienischen auf verschiedene Weise wiedergegeben:	
avere bisogno di	ho bisogno del giornale/dei giornali
mi/ti/gli/le/Le occorre – occorrono ci/vi/gli serve – servono	ci occorre la macchina (wir brauchen ...) mi occorrono i libri (ich brauche ...) Le serve qualcosa ... (brauchen Sie ...) gli servono ... (er braucht, sie brauchen ...)

16

– Ho sentito che sei senza macchina, Patrizia, che cosa è successo? Posso fare qualcosa per te?
– Sai, la settimana scorsa Dino ha preso la mia 127 e ha avuto un piccolo incidente. Niente di grave, ma da allora ho la macchina in officina e neanche oggi è pronta.
E pensare che proprio oggi pomeriggio mi serve per portare la nonna dal medico. Che rabbia!
– Senti ...! Se vuoi ti presto volentieri la mia: fino a domani non ne ho bisogno. Che ne dici?
– Ma Giovanni, tu sei veramente un amico!

---

ne steht für Ergänzungen mit **di**

ho bisogno del libro	– **ne** ho bisogno: ich brauche es (habe *daran* Bedarf)
ho voglia di ...	– **ne** ho voglia : ich habe Lust *dazu*, Appetit *darauf*
è contento degli sci	– **ne** è contento : er ist *damit* zufrieden
cosa pensi del film	– cosa **ne** pensi : was denkst du *darüber*

👥 10

Hai	bisogno di aiuto?		Sì, grazie	se ne	hai voglia / ha	puoi / può	aiutarmi in cucina / in casa
Ha				già che	ci sei / c'è		andare a prendere ... / a comprare ... / a fare ...
Avete							
C'è							
Ti / La	posso aiutare?			ti / Le	sarebbe possibile		prestarmi .../darmi ... / mettere via ...
Ti / Le	posso	essere utile? / dare una mano?		puoi / può	essere così gentile da		portare i bambini a ... / chiamare ...
	occorre / serve	aiuto? / qualcosa?		mi	serve / occorre / servono / occorrono		del vino/del latte/uno sciroppo ... / della frutta/dell'aspirina / dei pomodori/degli spaghetti / delle banane/delle pesche ...
			No, grazie	non	occorre / è necessario / ne ho bisogno		
					ho quasi finito		

17

– Ehi, Pinuccia, che ci fai qui? Posso darti una mano?
– Oh, Andrea! Il motorino non mi funziona più ed io fra mezz'ora ho una lezione ...
– Vieni, ti dò io un passaggio. Dove devi andare?
– In piazza Goldoni.
– Vado anch'io da quelle parti. Posso lasciarti in via Carducci.

– Oh, grazie Andrea, sei proprio un tesoro. Ma che faccio del motorino?
– Possiamo metterlo in macchina e portarlo nell'officina qui in via Dante.
– Oh, grazie ...
– Lascia, faccio io.
– Ma no, è leggero. Tu intanto apri dietro ... ecco fatto!
– Hai chiuso bene? Allora andiamo!

11

C'è bisogno di aiuto?

Ti	posso	venire a prendere
La		portare dal medico
		all'ospedale
		in centro
Ti		dare un passaggio
Le		andare a fare la spesa
		a prendere i bambini
		a prendere le medicine
		prestare la macchina
		tenere i bambini

Oh grazie, non è necessario, ma

se vuoi	puoi	andare a prendere ...
se vuole	può	portare i bambini a ...
		telefonare al dottor ...
		tenere la bambina.
		chiamare l'ACI/il medico.
		prestarmi un po' d'olio ...
		aiutarmi a ...
		prepararmi qualcosa da ...
		darmi un passaggio fino ...
		fare i compiti con ...

18

Grazia e Gianpiero sono una giovane coppia. Lei è insegnante e oggi deve andare a scuola anche nel pomeriggio per una riunione. Gianpiero invece è libero e resta a casa con i bambini. All'ora di pranzo parla con sua moglie.

– ... Mentre non ci sei, posso fare qualcosa in casa?
– Oh grazie ... per favore, metti un po' in ordine la camera dei bambini e ... puoi andarmi a fare la spesa?
– Sì, ti ho detto che oggi ho tempo.
– Bene, allora guarda un po' tu che cosa ci occorre e va' al supermercato qui all'angolo. In ogni caso non dimenticare, per favore, latte, uova, sale e zucchero, perché non ne abbiamo più.
– E abbiamo verdura?
– Ah no! Compra un chilo di pomodori, un po' di carote, del sedano e qualche cipolla.
– Bene. E adesso che vai via lavo i piatti.
– Ah grazie! E se vuoi pulisci anche un po' la cucina, per favore, ma se non ne hai voglia ci penso io quando torno.
– A che ora ritorni?
– Verso le otto ... Ah sì, ancora una cosa: fa' i compiti con Giulia e alle sette da' la pappa a Leo. La cena la preparo io: cerco di essere a casa il più presto possibile.
– Va bene. Ciao, tesoro! Sta' tranquilla! Penso io a tutto.

Se vuoi aiutare tua moglie, perché non le regali una lavastoviglie?

I regali sono piaceri di un momento. Una lavastoviglie è un modo di vivere diverso, più vostro, più libero dai momenti: «oddio, bisogna lavare i piatti!»
Lasciate questo compito alla lavastoviglie.
La lavastoviglie dà ai vostri piatti, alle vostre pentole, alle vostre posate un pulito e uno splendore eccezionali, dà maggior igiene e costa meno del lavaggio a mano. E con i nuovi modelli lo spazio e il rumore non sono più un problema. A tavola, dopo il caffè, potete continuare il discorso, tanto c'è la lavastoviglie che lavora per voi. Da sola, bene e in silenzio.

La lavastoviglie migliora la vostra vita.

Der Imperativ (Befehlsform) der 2. P. Sg.

-are → -a!	aspetta! – warte!	*aber:* non aspettare – warte nicht!
-ere ⟩ -i!	scrivi! – schreibe!	non prendere – nimm nicht!
-ire	apri! – öffne!	non partire – fahre nicht!
	pulisci! – mach' sauber!	Bei Verneinung steht Infinitiv!

Ebenso wie die -ere- und -ire-Verben haben die unregelmäßigen Verben keine eigene Form: **vieni! tieni! esci!**   **vai! fai! dai!**   *oder:* **va'! fa'! da'!**

ci steht für Ergänzungen mit **a**:
Pensi tu **a** comprare ... – Sì, **ci** penso io: ich denke *daran*

12

Senti, posso | darti una mano
 | esserti utile
 | esserti d'aiuto
 | aiutarti
 | fare qualcosa per te
 | fare qualcosa in casa/
 | in cucina

Oh sì,	aspetta	qui fino all'arrivo di ...
grazie	cambia	i piatti/i bicchieri
	cerca	il numero di .../di aprire ...
	comincia	a preparare ...
	compra	pane, olio ...
	chiama	il medico/mio marito/l'ACI
	domanda	a ... l'indirizzo di ...
	guarda	se c'è .../dov'è ...
	gioca	con i bambini
	passa	al panificio/in farmacia
	porta	Gina a scuola/all'asilo
	prova	ad aprire la bottiglia
	resta	qui un momento e ...
	telefona	all'aeroporto
	accendi	il gas/il fuoco
	metti	i piatti sul tavolo/via la ...
	rimani	qui con i bambini
	scrivi	all'assicurazione / a ...
	apri	le bottiglie/la scatola
	finisci	di lavare i piatti
	pulisci	la cucina
	vieni	a prendermi alle ...
	tieni	la bambina un momento
	va'	a prendere .../al mercato
	fa'	la spesa/i compiti con ...
	da'	la pappa a ... / qualcosa ...

■ **OFFERTE VACANZA**

AI TUOI FIGLI CI PENSIAMO NOI

e tu puoi stare in piena tranquillità. Non solo ti offriamo sicurezza, ma una vacanza sana e divertente a Riccione, presso il nostro «JUNIOR HOLIDAYS CENTER» riservato ai bambini di 6-12 anni.

PERSONALE SPECIALIZZATO - ANIMAZIONE
CAMPI SPORTIVI - SPIAGGIA PRIVATA ecc. ecc.

Offerta speciale dal 18/6 all'8/7

Per saperne di più telefona a: **A.S.E.**
(Attività sociali per l'Europa) - Riccione 0541/40264

---

 villa Olivia

Via Tiburtina 36
km 30,200 - TIVOLI

*Vuoi andare in vacanza tranquillo?
Offri anche ai tuoi anziani una vacanza serena nel verde assistiti giorno e notte*

CASA ALBERGO PER LA TERZA ETÀ
Combinazioni: 15 giorni a partire da L. 525.000
Combinazioni: 30 giorni a partire da L. 990.000
Per prenotazioni ed informazioni telefonare 0774/27121-27151

Agriturismo in Calabria

Gli agricoltori calabresi offrono una vacanza diversa e poco costosa nelle loro case in azienda o in paese dove le tradizioni sono meglio conservate, la cucina è semplice e genuina, il dialetto è ancora vivo e mostra evidenti i segni della Magna Grecia o l'origine albanese...

**Potete avere tutte le informazioni necessarie telefonando allo 0961/41682 dalle ore 8.30 alle ore 13.30.
L'assessorato all'Agricoltura della Regione Calabria, via S. Nicola 2, 88100 Catanzaro.**

OFFERTA DI MEZZA ESTATE
dal 20-8 puoi prenotare per tre persone al prezzo di due: L. 32.500. Telefona ci sono sconti per tutti. Numana Hotel Santa Cristiana sul mare, tennis, night, piscina, bowling, parcheggio spiaggia privata. Telefono 071-93.01.81.

PER settimana in Sicilia 2 ragazzi con mezzo e casa propri offrono ospitalità a due ragazze simpatiche. Lino ore pasti Tel. 5774165

OFFERTE LAVORO E IMPIEGO

DONNA referenziata tuttofare per agosto cercasi. Telefonare 505.079.

OFFRO LAVORO a una ragazza italiana o tedesca per moda, con conoscenza delle due lingue e con bella presenza. Pino Convertini, Generalvertreter, Cosimastr. 131, 8000 München 81, Tel. 089/95 63 32.

chi cerca trova PICCOLI ANNUNCI

Causa cambio idea **OFFRO** vestito da sposa nuovissimo!

Offerta speciale **SCONTI** dal 20% all' 80%

■ OFFERTE STUDIO

AL CTS TROVI!
IL PIACERE D'IMPARARE
CORSI DI LINGUA ALL'ESTERO INGLESE, FRANCESE, SPAGNOLO, TEDESCO E CINESE

Troverete clamorose soluzioni per ogni tipo di esigenza; da quella più professionale a quella giovanile e turistica. In tutto **28** proposte, in ben **9** paesi. A partire da L. **523.000**

Centro Turistico Studentesco e Giovanile
Presidenza Nazionale.
Via Nazionale, 66.   00184 Roma.   Tel. (06)479931
E IN TUTTE LE MAGGIORI CITTÀ ITALIANE

L'Università a casa tua.

Lo I.U.L.M. offre un servizio esclusivo che consente di conseguire la
Laurea in Lingue e Letterature Straniere,
valida ad ogni effetto di legge, studiando a casa propria.
Costo annuo del corso: L. 480.000 per tasse, materiale didattico, audiocassette.

Informazioni e iscrizioni:
I.U.L.M.
Istituto Universitario di Lingue Moderne
Piazza Volontari, 3 - 20145 Milano - Tel. 313922-384912

● Offro una occasione. Problemi con il tedesco? Klaus ti dà una mano a risolverli. Simpatia e prezzi modici. Berlino, Tel. 8 82 11 51.

Volete continuare a imparare l'italiano?

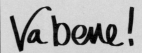

Potete farlo con il secondo volume...

Vocabolario

Das italienisch-deutsche Wörterverzeichnis *(Vocabolario)* ist nach *Unità* gegliedert.
Es umfaßt den jeweils neuen Wortschatz der Texte (Kennzeichen: die Nummer des Textes), den neuen Wortschatz der authentischen Materialien in der Reihenfolge ihrer Zuordnung zu den Texten (Kennzeichen: R = Realie) und den neuen Wortschatz in Partnerübungen (Kennzeichen: ▟▟ + Nummer der Übung). Ein Teil des Realienwortschatzes ist in kursiver Schrift gesetzt. Dieser Wortschatz ist passiv, d. h., er wird im Arbeitsbuch nicht verwendet.
Nicht enthalten ist in diesem *Vocabolario* dagegen der Wortschatz der landeskundlichen Texte (▯ und ▬): er liegt außerhalb der sprachlichen Progression der *Unità* und wird auch in den Übungen des Arbeitsbuches nicht eingesetzt. Sie finden ihn in einer gesonderten alphabetisch geordneten italienisch-deutschen Wortschatzliste.

Hier noch einige Hinweise für die Arbeit mit diesem Wortschatz:
- Auf **Aussprachehilfen** in Form einer lautschriftlichen Wiedergabe haben wir aus zwei Gründen verzichtet: zum einen gibt das Arbeitsbuch eine detaillierte Einführung in die Ausspracheregeln der italienischen Sprache und zum anderen können die mit italienischen Muttersprachlern gestalteten Tonaufnahmen Klang und Rhythmus der italienischen Sprache besser vermitteln als annähernde Lautsymbole.
- **Zur Betonung:** Die normale Betonung liegt im Italienischen auf der vorletzten Silbe. Endbetonte Wörter tragen einen Akzent (` = offene Aussprache, ´ = geschlossene Aussprache). Abweichungen von der normalen Betonung kennzeichnen wir durch einen Punkt unter dem betonten Vokal (z. B. svi̱zzero). Die Endungen *-io*, *-ia*, *-ie* gelten als eine Silbe. Der Betonungspunkt erscheint nur, wenn die Betonung auf dem jeweiligen *-i* liegt (z. B. farmaci̱a). Wörter mit den Endungen *-eo*, *-ea* und *-uo*, *-ua* versehen wir grundsätzlich mit einem Betonungspunkt.
- Zu den Substantiven geben wir im allgemeinen den **Artikel** an. Bei Wörtern mit dem Artikel *l'* erfolgt der Hinweis auf das Geschlecht nur dann, wenn das Wort auf *-e* endet. Der Artikel entfällt, wenn er zum Zeitpunkt der Einführung des Wortes noch nicht behandelt und in den Texten nicht verwendet wird (z. B. bei den Nationalitäten in *Unità 1* und den Berufen in *Unità 2*).
- **Unregelmäßige Verben** werden in allen angebotenen Formen aufgeführt. Wenn der Infinitiv im Text nicht vorkommt, geben wir ihn im Wortschatz unter der jeweils ersten Form an.
- **Die deutschen Entsprechungen** werden nur in der Bedeutung angegeben, die sie im jeweiligen Text haben. Kommt in einem anderen Text eine neue Bedeutung hinzu, wird die bereits bekannte nochmals in eckigen Klammern [ ] vermerkt. Ebenso verfahren wir, wenn für eine deutsche Bedeutung ein zweites italienisches Wort angeboten wird.
Erklärungen und Ergänzungen stehen in runden Klammern ( ).

Unità 1

1a
permette?	gestatten Sie?
piacere	angenehm
signor ...	Herr ... (Anrede)

1b
signora ...	Frau ... (Anrede)

2
la signora	die Frau
la signora Ducci	Frau Ducci
il signore	der Herr
il signor Croce	Herr Croce

3
buona sera	guten Abend
sono	ich bin
e	und
Lei	Sie (Anrede für *eine* Person)
molto	sehr
molto piacere	sehr erfreut

4
ciao	hallo (familiärer Gruß)
io	ich
tu	du

5
sei	du bist
vero	wahr, richtig
vero?	nicht wahr?
sì	ja
di	von (Herkunft)
no?	nicht?, nicht wahr?
no	nein
qui	hier

6
(la) signorina	(das) Fräulein
anche	auch
anch'io	ich auch
ah sì?	ach ja?

i Bianchi	die Bianchis
lui	er
ma	aber
lei	sie
è	ist
essere	sein
essere di	stammen aus

7a
(Lei) è	Sie sind / sind Sie?

7b
no, io no	nein, ich nicht

8
loro	sie (Plural)
chi	wer
sono	sie sind

9
quale	welcher/-e/-es
qual è ...?	was ist ...?
il nome	der Name
il Suo nome	Ihr Name
il mio nome	mein Name

R
Lei non è ...	Sie sind nicht ...

10
come?	wie?
come si chiama?	wie heißen Sie? (= nennen Sie sich; wie heißt er / sie?)
scusi!	entschuldigen Sie!
non	nicht
non capisco	ich verstehe nicht
per favore	bitte
tedesco	deutsch; Deutscher
tedesca	deutsch; Deutsche
o	oder
svizzero/-a	Schweizer/-in

11
no, non sono ...	nein, ich bin nicht
allora	also
italiano/-a	Italiener/-in

un nome	ein Name	molto	viel [sehr]
dove	wo	il tempo	die Zeit
di dove	von wo, woher	molto tempo	lange
di dov'è?	woher sind Sie? (woher ist er/sie?)	i bambini	die Kinder
		solo	erst
il tuo nome	dein Name	il mese	der Monat
il suo nome	sein / ihr Name	il marito	der Ehemann
		Suo marito	Ihr Mann
		due	zwei
		due anni	zwei Jahre
		mille	tausend

2

austriaco/-a	Österreicher/-in
americano/-a	Amerikaner/-in
jugoslavo/-a	Jugoslawe/-in
francese	Franzose/-in
inglese	Engländer/-in
olandese	Holländer/-in

3

quanto	wieviel
quanto tempo	wie lange
sempre	immer
nato/-a	geboren
il padre	der Vater
mio padre	mein Vater
la madre	die Mutter
mia madre	meine Mutter
la provincia	die Provinz
la settimana	die Woche
una settimana	eine Woche
per ...	um zu ... (vor Verb)
studiare	studieren, lernen
la studentessa	die Studentin
la lingua	die Sprache
lingue	Sprachen
molte grazie	vielen Dank

R

Lei parla ...?	sprechen Sie ...?
italiano	italienisch

Unità 2

cari amici	liebe Freunde

1

la professione	der Beruf
la Sua professione	Ihr Beruf
il meccanico	der Autoschlosser
da	seit
quando	wann
in Germania	in Deutschland
un anno	ein Jahr
con	mit
la famiglia	die Familie
la moglie	die Ehefrau
mia moglie	meine Frau
ancora	noch
in Italia	in Italien
grazie	danke

4

la mia famiglia	meine Familie
per	wegen; für [um zu ...]
il lavoro	die Arbeit
solo	nur [erst]
alcuni/-e	einige
come mai?	wieso?
il gelataio	der Eisverkäufer
sei mesi	6 Monate
parlare	sprechen
un poco (un po')	ein wenig

2

la casalinga	die Hausfrau
a Colonia	in Köln

5

mi chiamo	ich heiße
insegno	ich unterrichte

insegnare	unterrichten
la scuola	die Schule
in una scuola	in einer Schule
il ragazzo	der Junge
la ragazza	das Mädchen
il figlio	der Sohn
la figlia	die Tochter
così	so
che	der, die, das (Relativpronomen)
insegnante	Lehrer/-in
adesso	jetzt
a casa	zu Hause
perché	weil
piccolo/-a/-i/-e	klein

1

medico	Arzt, Ärztin
maestro/-a	Grundschullehrer/-in
impiegato/-a	Angestellter/-e
segretario/-a	Sekretär/-in
operaio/-a	Arbeiter/-in
pensionato/-a	Rentner/-in
studente/-essa	Student/-in
dottore/-essa	Doktor/-in
professore/-essa	Professor/-in; Gymnasiallehrer/-in
il giorno	der Tag

6

abita	er wohnt
abitare	wohnen
le bambine	die Kinder (Mädchen)
tre	drei
cinque	fünf
lavora	er arbeitet
lavorare	arbeiten
alla Volkswagen	im VW-Werk
non ... più	nicht mehr
solo/-a	allein [nur, erst]
già	schon, bereits
per studio	zum Studium (wegen des Studiums)
la medicina	die Medizin

7

buon giorno	guten Tag
in vacanza	in den Ferien
la vacanza (le vacanze)	die Ferien
siamo	wir sind
tutti	alle
la pensione	die Pension
alla pensione	in der Pension
quattro	vier
siete	ihr seid / Sie sind (Pl.)
tante grazie [molte grazie]	vielen Dank
tanto	(so) viel
buone vacanze	schöne Ferien!
prego	bitte (als Antwort und Angebot)
arrivederci	auf Wiedersehen

R

benvenuti	willkommen

2

alla scuola italiana	in der italienischen Schule

8

a presto	bis bald
a domenica	bis Sonntag
a domani	bis morgen
prossimo/-a	der / die nächste
tardi	spät
a più tardi	bis später

Unità 3

1

che	was für ein/-e!?
la sorpresa	die Überraschung
come sta?	wie geht es Ihnen?
stare	sich befinden
bene	gut (Adverb)
abbastanza	ziemlich

Vocabolario U 3

2
il piacere	die Freude
che piacere!	was für eine Freude!
così così	so lala, es geht so

3
come stai?	wie geht es dir?
benissimo [molto bene]	sehr gut
non c'è male	es geht nicht schlecht
male	schlecht (Adverb)

4a
oggi	heute
meglio	besser (Adverb)
purtroppo	leider
sto	es geht mir

4b
sta	es geht ihr
bisogna	man muß
chiamare	(an)rufen
bravo	tüchtig, gut
lontano	weit
il numero	die Nummer
che numero ha	was für eine Telefonnummer hat er?
avere	haben
zero	null
uno	eins
sette	sieben
sbagliato	falsch

5
la via	die Straße
in via ...	in der ... Straße
undici	elf
proprio vicino	ganz in der Nähe
la terza ...	die dritte ...
a sinistra	links
a destra	rechts
subito	sofort
dopo	nach
la chiesa	die Kirche
hai	du hast
il telefono	das Telefon

ho	ich habe
otto	acht

6
sai ...?	weißt du ...?
sapere	wissen
che	daß [der, die, das; was für ein]
che indirizzo	was für eine Adresse
l'indirizzo	die Adresse
la piazza	der Platz
in piazza ...	am ...-Platz
dieci	zehn
presso	bei
se	wenn
telefonare	anrufen, telefonieren

7a
il suo numero	ihre Telefonnummer

7b
non lo so	ich weiß es nicht
lo	es (Akk.)

7c
sa	Sie wissen / wissen Sie ...
telefonare a Pia	Pia anrufen
il saluto	der Gruß
cari saluti	liebe Grüße

8
avete	ihr habt
abbiamo	wir haben
non abbiamo telefono	wir haben kein Telefon
lo zio	der Onkel
al secondo piano	im 2. Stock
nove	neun

9
lo studente	der Student
l'amico	der Freund
perché?	warum? [weil]
telefonare ai Ferri	Ferris anrufen
forse	vielleicht
hanno	sie haben

certo	sicher, gewiß
domandare a ...	jdn. fragen
le amiche	die Freundinnen

R

l'autofficina	die Autowerkstatt
il viale	die Allee
la farmacia	die Apotheke
l'est (m.)	der Osten
l'ovest (m.)	der Westen
farmacie di turno	*diensthabende Apotheken*
il corso	die (Haupt)straße
l'angolo	die Ecke
utile	*nützlich*
la centrale ambulanze	die Krankenwagenzentrale
l'aeroporto	der Flughafen
la stazione centrale	der Hauptbahnhof
lo studio medico	die Arztpraxis

1

la polizia	die Polizei
l'ACI (= Automobile Club d'Italia)	ital. Automobilclub (vergleichbar dem ADAC)

10a

arrivare	(an)kommen

10b

pronto	hallo (am Telefon)
c'è Piero?	ist Piero da?
ci	da (Ort)
ora [adesso]	jetzt
però	aber, jedoch
all'estero	im Ausland
nuovo	neu
un momento	einen Augenblick
il prefisso	die Vorwahl
per piacere [per favore]	bitte
non c'è di che	keine Ursache

11

ho sbagliato numero	ich habe mich verwählt
sbagliare numero	falsch wählen

12

in ufficio	im Büro
l'ufficio	das Büro
da	aus, von (Richtung) [seit]
privato	privat
ecco	da ist ... (Satzanfang)
gentile	freundlich
saper(e) parlare	sprechen können (Fähigkeit)
complimenti!	mein Kompliment!

Unità 4

a casa	zu Hause
a casa di Agnese	bei Agnes (zu Hause)
c'è	ist (nach Ortsangaben)
una festa	ein Fest
il / la conoscente	der / die Bekannte
ecco	hier sind (Satzanf.) [da ist]
la conversazione	Unterhaltung, Gespräch

1

buon appetito!	guten Appetit!
altrettanto!	gleichfalls!

2

vai	du gehst
andare a studiare	studieren gehen
in Germania	nach [in] Deutschland
vado	ich gehe/fahre
a Heidelberg	nach [in] Heidelberg
che bello!	wie schön!
la borsa di studio	das Stipendium
magnifico	herrlich, großartig
tanti auguri	alles Gute, viele gute Wünsche
buono studio!	gutes Studium!

3

va	Sie gehen
andare via da ...	weggehen, -fahren von ...
stare	sein, bleiben [sich befinden]
buona fortuna!	viel Glück!

4

va	er / sie geht
andare fuori	weg-, hinausgehen
il corso di tedesco	der Deutschkurs
al corso	zum Kurs
buon lavoro!	gute Arbeit! arbeite schön!

5

questo/-a	dieser/-e/-es
quest'anno	dieses Jahr
al mare	ans Meer
andiamo a trovare (trovare)	wir gehen besuchen (finden, antreffen)
l'isola	die Insel
all'isola d'Elba	auf Elba
buon viaggio!	gute Reise!

6

il week-end, il fine-settimana	das Wochenende
non ci siamo	wir sind nicht da
dove	wohin [wo]
andate	ihr fahrt; Sie fahren
insieme	zusammen
il lago	der See
poi	dann
la barca a vela (andare in barca)	das Segelboot (Boot fahren)
andare in barca a vela	segeln
beati voi!	ihr Glücklichen!
buon fine-settimana!	schönes Wochenende!
in città	in der (die) Stadt
un po' di ...	ein wenig ...
andare fuori	ausgehen [hinaus-, weggehen]
troppo	zu sehr, zuviel

7

a casa	nach [zu] Hause
stanco/-a	müde
a letto	zu Bett
buona notte!	gute Nacht!
buon riposo!	schlaf gut (gute Ruhe)!

8

la sorella	die Schwester
vanno a prendere	sie holen ab (gehen abholen)
andare a prendere (prendere)	abholen (nehmen)
vanno	sie fahren
il fratello	der Bruder
ci	(dort)hin [da]
ci vai?	fährst du hin?
andarci	hinfahren
in montagna	ins Gebirge
sciare	skifahren
buon divertimento!	viel Vergnügen! viel Spaß!

R

tante belle cose	alles Gute
la cosa	die Sache
la gamba	das Bein

9

l'università	die Universität
l'esame (m.)	das Examen, die Prüfung
in bocca al lupo!	Hals- und Beinbruch!
andare da ...	gehen zu ... (Personen)
da	zu / bei (vor Personen) [seit; von, aus]
il compleanno	der Geburtstag
la parte	die Seite
da parte mia	von mir
tante buone [belle] cose!	alles Gute!

1

al lavoro	zur Arbeit
al bar	in die Bar
al ristorante	ins Restaurant
in Riviera	an die Riviera

10

buon Natale	frohe Weihnachten
il Natale	Weihnachten
felice Anno Nuovo	ein glückliches neues Jahr
buona Pasqua	frohe Ostern
buone feste	frohe Festtage

a Lei	an Sie (Ihnen)
alla Sua famiglia	Ihrer Familie (Dativ)
buon onomastico	alles Gute zum Namenstag
affettuoso	herzlich
l'abbraccio	die Umarmung
il pensiero	der Gedanke

11

felicitazioni, congratulazioni!	herzliche Glückwünsche, Gratulation!
gli sposi	das Brautpaar
il matrimonio	die Hochzeit, Ehe (-schließung)
la felicità	das Glück
a voi	(an) euch
ogni	jeder/-e/-es
auguri di ogni bene	alles Gute
calendarietto	Familiennachrichten (kleiner Kalender)
tredici	dreizehn
aprile	April
la pubblicazione	die Veröffentlichung
pubblicazioni di matrimonio	Hochzeitsanzeigen, Heiraten
il barista	der Barkeeper
la parrucchiera	die Friseuse
il carabiniere	der Karabiniere

12

gli studenti del mio corso	die Studenten meines Kurses

13

la festa dell'Unità	das Fest der Einheit (kommunist. Fest)
va bene	es ist gut, recht
ritornare	zurückkommen
ciao	tschüs [hallo]

14

gli Schmidt	Schmidts
la sagra della sardella	Sardellen-Kirmes
la sagra	die Kirmes
saluti a ...	Grüße an ...

R

il comune	die Gemeinde
agosto	August
il pesce	der Fisch
il comitato	das Komitee
lo sviluppo	die Entwicklung
turistico	touristisch, Touristik-
sportivo	sportlich, Sport-
culturale	kulturell, Kultur-
maggio	Mai
la fragola	die Erdbeere
la mostra	die Ausstellung
il fiore	die Blume

2

il vino	der Wein
l'otto marzo	der 8. März (Frauentag)
lo sport	der Sport
i funghi	die Pilze
gli spaghetti	die Spaghetti
le castagne	die Kastanien

R

salute!	Gesundheit!

15

malato/-a	krank
che cosa?	was?
si	man [sich]
avere la febbre	Fieber haben
mal di testa	Kopfschmerzen
mi dispiace	es tut mir leid

16

stato/-a/-i/-e	gewesen
ieri	gestern
non state bene?	geht es euch (Ihnen) nicht gut?
essere con (avere) l'influenza	Grippe haben
l'influenza	die Grippe

ci	uns [da, dort, dorthin]	l'ora	die Stunde, Uhrzeit
ci vediamo	wir sehen uns	è l'una	es ist ein Uhr
vedere	sehen	mamma mia	meine Güte! ach herrje!
stiamo ...	es geht uns ...		

1b

auguri di ogni bene!	alles Gute, gute Besserung!
sono le dieci	es ist 10 Uhr
mezzo	einhalb
sono le 10 e mezzo	es ist halb 11
accidenti!	verflixt!
essere in ritardo	spät dran sein

17

la medicina	die Medizin, das Medikament
stanno	es geht ihnen

2a

meno	weniger
un quarto	ein Viertel
le tre meno un quarto	Viertel vor drei
presto	früh [bald]
restare	bleiben

R

il raffreddore	die Erkältung, der Schnupfen
al primo sintomo	beim ersten Anzeichen / Symptom
la vitamina	das Vitamin
per chi	für denjenigen, der
mal di piedi	Fußschmerzen
sano	gesund
riposato	ausgeruht
la temperatura	die Temperatur
il termometro	das Thermometer
clinico	klinisch
la precisione	die Präzision

2b

avere l'ora	die (genaue) Uhrzeit haben
... in punto	punkt ...
meno male!	bloß gut!
in tempo	rechtzeitig

3a

l'orologio	die Uhr

R

il minuto	die Minute
esatto/-a	genau
l'ora esatta	genaue Zeit; Zeitansage
per	durch [um zu ...; wegen, für]

👥 3

mal di denti	Zahnschmerzen
mal di stomaco	Magenschmerzen
mal di gola	Halsschmerzen
peccato!	schade!

3b

mezzanotte	Mitternacht
mezzanotte meno venti	zwanzig vor 12

👥 5

a teatro	im Theater
al concerto	im Konzert
in discoteca	in der Diskothek

👥 1

sappiamo	wir wissen
sapete	ihr wißt
lo stesso	trotzdem

Unità 5

1a

che ora è?, che ore sono?	wie spät ist es?

4

a che ora?	wann?, um wieviel Uhr?

stasera (= questa sera)	heute abend	venerdì	Freitag
alle ...	um ... Uhr	sabato	Samstag

5
dal medico	zum Arzt
la mattina	der Morgen
stamattina	heute früh
l'appuntamento	Termin, Verabredung

8
che giorno?	an welchem Tag?
in Sicilia	in Sizilien
cercare di ...	versuchen zu ...
di	zu (vor Verb) [von]
a casa tua	bei dir zu Hause
fra	zwischen
d'accordo	einverstanden

6
a lezione	zum Unterricht
la lezione	der Unterricht (die Lektion)
questo pomeriggio / oggi pomeriggio	heute nachmittag
verso ...	gegen ...
da ... a ...	von ... bis ...
dalle ... alle ...	von ... bis ... Uhr
fino a ...	bis ...
alla stazione	am Bahnhof
la macchina	das Auto
lo spettacolo	das Stück, die Vorstellung
cominciare	beginnen

R
il panorama	das Panorama

R
il quindici	der 15. (Datum)
sbagliato	geirrt [falsch]

9
passare	vorbeigehen
a casa sua	bei ihr (ihm) zu Hause

R
lunedì	Montag
leggere	lesen
il testo	der Text
la pagina	die Seite

10
quanti ne abbiamo oggi?	der wievielte ist heute?
(ne)	(davon)
l'undici	der 11. (Datum)
pagare	bezahlen
l'assicurazione (w.)	die Versicherung

7
martedì	Dienstag
il dentista	der Zahnarzt
dal dentista	beim [zum] Zahnarzt

11
il primo	am ersten [der erste]
di nuovo	wieder
il venti	am 20.

R
lo specialista	*der Facharzt*
l'odontoiatria	*die Zahnheilkunde*
la protesi dentaria	*der Zahnersatz*
il laboratorio dentistico	*das Zahnlabor*
l'orario	*Sprechstunden, -zeiten*
lo studio dentistico	*die Zahnarztpraxis*
mercoledì	Mittwoch
giovedì	Donnerstag

R
grazie a Dio	Gott sei Dank
un film sulla musica	ein Film über die Musik
su	über
la vita	das Leben
l'entrata	der Eintritt
continuo/-a	*fortwährend, ständig (non-stop)*

👥 4
dall' avvocato	beim Rechtsanwalt
banda	Band, (Musik-)kapelle
il corso di ginnastica	der Gymnastikkurs

12
vieni	du kommst
venire	kommen
aspettare	warten

13
venire a trovare	besuchen (kommen)
vengo / veniamo	ich / wir komme(n)
al congresso	auf dem Kongreß
venire a prendere	abholen (kommen)
viene	er kommt
almeno	wenigstens
urgente	dringend
l'impegno	die Verpflichtung
impegni di lavoro	berufliche Verpflichtungen
comunque	jedenfalls
avere ragione	recht haben
intanto	inzwischen

14
vengono	sie kommen
i tuoi genitori	deine Eltern
senza	ohne
venirci	hinkommen
il tesoro	der Schatz

15
venite	ihr kommt
dopodomani	übermorgen
prima	vorher
la metropolitana	die Metro
certamente	sicher (Adv.)
ma sì che ...	aber natürlich ...
i suoi colleghi	seine (ihre) Kollegen
(il / la collega)	(der Kollege, die Kollegin)

16
vengo?	soll ich kommen?
va meglio	es paßt besser
per Lei	für Sie
lo stesso	gleich, dasselbe [trotzdem]
i miei amici	meine Freunde

R
settembre	September
novembre	November
bellissimo [molto bello]	sehr schön
il turista	der Tourist
giugno	Juni

17a
in gennaio	im Januar

17b
in ferie	in Urlaub
all'inizio di ...	am Anfang ...
l'inizio	der Anfang

18a
a metà luglio	Mitte Juli

18b
alla fine di ...	am Ende ...
la fine	das Ende

👥 5
febbraio	Februar
marzo	März
ottobre	Oktober
dicembre	Dezember

19
in Sardegna	nach Sardinien
la camera	das Zimmer
l'Hotel «Spiaggia d'Oro»	das Hotel «Goldener Strand»
di sera	abends
dare	geben
darsi un appuntamento	sich verabreden
l'albergo [l'hotel]	das Hotel, der Gasthof
non avere la macchina	kein Auto haben
il luogo	der Ort

Unità 6

1
il treno	der Zug
il treno da Roma	der Zug aus Rom
c'è (+ Subst. Sg.)	es gibt
il locale	der Vorortszug, Nahverkehrszug
il diretto	der Eilzug
dopo	danach [nach]

2
il rapido	TEE, IC (in Italien meist nur 1. Klasse)
essere in ritardo	Verspätung haben
essere in arrivo	einlaufen, einfahren
l'arrivo	die Ankunft
al binario ...	auf Gleis ...

3
vorrei	ich möchte
partire per ...	(ab)fahren nach ...
che treni ci sono?	was gibt es für Züge?
ci sono (+ Subst. Pl.)	es gibt
vorrebbe ...?	möchten Sie ...?
possibile	möglich
a quell'ora	zu der Zeit
quello/-a	der / die(jenige), jener/-e
diverso/-a	verschieden
la possibilità	die Möglichkeit
l'espresso	der D-Zug
mi va bene	paßt mir gut

4
l'orario ferroviario	der Zugfahrplan
sicuro	sicher
valido	gültig
dunque [allora]	also
l'espresso delle 2	der 2-Uhr-D-Zug
prendere	nehmen

R
partenze	Abfahrtszeiten
treni in arrivo	Ankunft (ankomm. Züge)

5
l'aereo per ...	das Flugzeug nach ...
il posto	der Platz
il volo	der Flug
libero	frei
prenotare	buchen (vorbestellen)
prima di ...	vor ... (zeitl.)
prima della partenza	vor der Abfahrt

6
mi sa dire	können Sie mir sagen
la nave	das Schiff
fra ...	in ... (Zeitpunkt)
un quarto d'ora	eine Viertelstunde

7
avere ritardo [essere in ritardo]	Verspätung haben
quasi	fast
perdere la coincidenza	den Anschluß verpassen
l'ultimo	das letzte
l'aliscafo	das Tragflügelboot
a proposito	übrigens
come arrivo da ... a ...	wie komme ich von ... nach ...
ogni ... minuti	alle ... Minuten
raggiungere	erreichen
troppo poco	zu wenig
la possibilità di ...	die Möglichkeit zu ...
il traghetto	die Fähre
il molo	die Mole
arrivarci	hinkommen
l'autobus (m.)	der Autobus
in ogni caso	auf jeden Fall
il taxi	das Taxi

R
la linea diretta	die direkte Verbindung
viceversa	*umgekehrt*
il trasporto	der Transport
l'auto (w.) [la macchina]	das Auto
il camion	der Lkw
il pullman	der Reisebus
i passeggeri	die Passagiere

R

FS (FFSS) = Ferrovie dello Stato	die staatl. ital. Eisenbahn
la fiducia	*das Vertrauen*
la sicurezza	die Sicherheit
cento	hundert
risparmiare tempo	Zeit sparen
il confort	*der Komfort*
internazionale	international

8

la prenotazione	die Vorbestellung
la cuccetta	der Liegewagen
seconda classe	2. Klasse
su	auf [über]
sul treno	im Zug
rimandare a ...	verschieben auf ...
la partenza	die Abreise [Abfahrt]
cambiare	umbuchen, ändern

9

il tram	die Straßenbahn
tutti i tram	alle Straßenbahnen
essere fermo	stillstehen
lo sciopero	der Streik
fino a quando	bis wann
avere fretta	Eile haben

R

mezzo di trasporto pubblico	öffentliches Verkehrsmittel

10

se	ob [wenn]
arrivato	angekommen
avere ... minuti di ritardo	... Minuten Verspätung haben
c'è stato/-a	es hat gegeben
la nebbia	der Nebel

R

la (pianura) Padana	*die Poebene*
l'incidente (m.)	der Unfall
sull'autostrada	auf der Autobahn
il morto	der Tote
il ferito	der Verletzte

11

partito	abgefahren
il biglietto	die Fahrkarte
la persona	die Person
essere in lista	auf der Liste stehen
occupato/-a	belegt, besetzt

12

... minuti fa	vor ... Minuten
fare	machen

13

dalla Corsica	aus Korsika

R

il passo	der Schritt
a due passi	nicht weit (ein paar Schritte)
la tariffa	die Gebühr
la bassa stagione	Vor- und Nachsaison
basso	niedrig
l'alta stagione	die Hoch-/Hauptsaison
auto cat. A.	*Auto Kategorie A*
mt. = metri	*... Meter*
da ... in poi	ab ...
l'annullamento	*Annullierung, Streichung*
il seguente	der folgende ...
la percentuale	*der Prozentsatz*
più di	mehr als
meno di	weniger als

14

ricevere	empfangen, Sprechstunde haben

R

il medico generico	*der praktische Arzt*
l'internista	*der Internist*

15a

il museo	das Museum
aprire	öffnen

il cartello	das Schild	**18**	
il personale	das Personal	il supermercato	der Supermarkt
per questo	deshalb	il negozio	das Geschäft

R

chiuso	geschlossen	**R**	
la mancanza di ...	*der Mangel an ...*	*a vostra disposizione*	*zu Ihrer Verfügung*
15b		*vostro/-a*	*euer / Ihr (Pl.)*
a che ora chiude	wann schließt ...?	*turno di riposo settimanale*	*wöchentlicher Ruhetag*
chiudere	schließen	la ditta	die Firma

R

caro	teuer [lieb]
più caro	teurer
aperto	geöffnet

19

andare giù	hinuntergehen
il pane	das Brot
estivo	Sommer-
l'orario estivo	die Sommeröffnungszeit, die Öffnungszeiten im Sommer

16

a che ora aprono	wann öffnen ...?
il distributore di benzina	die Tankstelle
la benzina	das Benzin
nel pomeriggio	am Nachmittag
credere	glauben
qualcuno	jemand

20

il ristorante	das Restaurant
il giorno di riposo	der Ruhetag
Ferragosto	15. August (Feiertag in Italien)

R

il turno	*der Dienst*
antimeridiano	*Vormittags-*
pomeridiano	*Nachmittags-*
servizio notturno	*Nachtdienst*

R

per ferie	wegen Urlaub

21

inaugurare	eröffnen
si inaugura	man eröffnet, es wird eröffnet
nella galleria	in der Galerie
la mostra personale	die Ausstellung (Werk *eines* Künstlers)
visitare	besuchen, besichtigen
sino al [fino al] ...	bis zum ...
il giorno feriale	der Wochentag
nei giorni festivi	an Sonn- und Feiertagen

17

la banca	die Bank
in genere	gewöhnlich
tutta la settimana	die ganze Woche
durante il pomeriggio	während des Nachmittags, nachmittags
quali	welche (Pl.)

R

orario di sportello	Schalterstunden
lo sportello	der Schalter
giorni feriali	Wochentage
semifestivi	*Halbfeiertage*

la collezione	die Sammlung
il cinema(tografo)	das Kino
l'arte moderna	die moderne Kunst
per restauri	wegen Renovierung

(rettilario)	(Reptilienabteilung)	l'Austria	Österreich
altri giorni	die anderen Tage	la Grecia	Griechenland
riservare a ...	reservieren für ...	la Spagna	Spanien
l'ingresso [l'entrata]	der Eintritt	il Portogallo	Portugal
		la Svezia	Schweden
		la Norvegia	Norwegen
22		stato	worden [gewesen]
il taglio	der (Haar)schnitt	*spostare [mettere] avanti*	*vorstellen*
un solo	ein einziger		
trovare	finden	il ritorno	die Rückkehr
il parrucchiere	der Friseur	l'ora solare	die Winterzeit
proibito	verboten	*è fissato*	*ist festgelegt*
grazie a ...	dank ...		
uno speciale	ein besonderer	**R**	
il contratto	der Vertrag	*la malattia*	*die Krankheit*
le farmacie notturne	die Nachtapotheken	*medicina interna*	*innere Medizin*
		apparato digerente	*Verdauungssystem*
il passaggio	der Durchgang, die Passage	*il sangue*	*das Blut*
24 ore su 24	rund um die Uhr	*il ricambio*	*der Stoffwechsel*
		escluso	*außer (ausgeschlossen)*
👥 4		*il lutto*	*der Trauerfall*
l'esposizione (w.)	die Ausstellung	*l'ambulatorio [studio medico]*	*die Arztpraxis*
la biblioteca	die Bibliothek	*la libreria*	*die Bücherei*
i grandi magazzini	das Kaufhaus	*rimanere [restare]*	*bleiben*
		divieto di sosta	*Halteverbot*
23		*pulizia strada*	*Straßenreinigung*
il Palazzo dei Congressi	der Kongreßpalast	*la strada [via]*	*die Straße*
la pittura	die Malerei		
interessante	interessant	# Unità 7	
la gente (Sg.!)	die Leute		
lì	dort	vostro/-a	euer / Ihr (Pl.)
alle 9 precise [esatte, in punto]	punkt 9 Uhr	la giornata	der Tag(esablauf)
l'ora legale	die Sommerzeit	**1**	
mettere avanti (mettere)	vorstellen (setzen, stellen, legen)	avere ... anni	... Jahre alt sein
se no	sonst	la mattina	am Morgen, morgens
		a piedi	zu Fuß
R		la bicicletta	das Fahrrad
un'ora di sole in più	eine Stunde Sonne mehr	mangiare	essen
il sole	die Sonne	faccio	ich mache
il paese	das Land	fare	machen
l'Europa comunitaria	*die Europäische Gemeinschaft*	il compito	die Aufgabe
		stare con ...	zusammensein mit ...

guardare	ansehen, anschauen
la TV = televisione	das Fernsehen
guardare la tivù	fernsehen
i nonni	die Großeltern

2

sposato/-a	verheiratet
l'infermiera	die Krankenschwester
l'agenzia turistica	das Reisebüro, die Reiseagentur
mi alzo	ich stehe auf
alzarsi	aufstehen (sich erheben)
prima	(zu)erst [vorher]
preparare	vorbereiten
il caffè	der Kaffee
facciamo	wir machen
fare colazione	frühstücken
portare	bringen
in macchina	mit dem Auto
all'ospedale	ins Krankenhaus
di solito [in genere]	gewöhnlich
breve	kurz (zeitl.)
la pausa	die Pause
il pranzo	das Mittagessen
la mensa	die Kantine, Mensa
invece	dagegen, hingegen
pranzare	mittagessen
vicino a ...	in der Nähe von ...
fare la spesa	einkaufen
finalmente	endlich
riposarsi	sich ausruhen
la cena	das Abendbrot
talvolta	manchmal
il turno di notte	der Nachtdienst
spesso	oft
di sera [la sera]	abends
fa	er macht
la traduzione	die Übersetzung
scrivere	schreiben
la lettera	der Brief
in inglese	auf englisch
il cliente	der Kunde
straniero/-a	ausländisch
lo straniero	der Ausländer
nel tempo libero	in der Freizeit
mi occupo di ...	ich beschäftige mich mit ...
occuparsi di ...	sich beschäftigen mit ...
frequentare	(regelmäßig) besuchen
il corso di spagnolo	der Spanisch-Kurs

👥 1

ti	dich
vi	euch

👥 2

fai	du machst
fate	ihr macht
fanno	sie machen
di mattina [la mattina]	morgens
di [il, nel] pomeriggio	nachmittags
fare la doccia	duschen
fare ginnastica	Gymnastik treiben

3

l'architettura	die Architektur
qualcosa	etwas
qualche volta [talvolta]	manchmal
incontrarsi con ...	sich treffen mit ...
altri	andere
dormire	schlafen
interessarsi di ...	sich interessieren für ...
l'arredamento	die Innenarchitektur, die Wohnungseinrichtung
qualche (+ Sg.!) [alcuni/-e]	einige
qualche ora	einige Stunden
nello studio	im Architekturbüro [Praxis, Atelier]
l'architetto	der Architekt
imparare	lernen
guadagnare	verdienen
proprio	wirklich
la soluzione	die Lösung

4

vivere	leben
siccome	da (Begründung)
nostro/-a/-i/-e	unser/-e
grande	groß

a casa nostra	bei uns (zu Hause)	orario di lavoro continuato	durchgehende Arbeitszeit
ricominciare a ...	wiederanfangen zu ...	continuare a ...	fortsetzen zu ..., weiter-
fa l'insegnante	sie ist Lehrerin	trovarsi	sich befinden
al liceo	am Gymnasium	il traffico	der Verkehr
contento/-a	zufrieden	preferiamo lasciare	wir ziehen vor, ... zu lassen (lassen lieber)
l'ingegnere (m.)	der Ingenieur		
l'elettronica	die Elektronik	il quartiere	das Stadtviertel
in centro	im Zentrum	lontano da ...	entfernt von ...
per esempio	zum Beispiel	i mezzi pubblici	die öffentl. Verkehrsmittel
alla trattoria	ins Wirtshaus, Gasthaus	inoltre	außerdem
spendere	ausgeben	non si trova mai	man findet nie
al bar	in der Bar	non ... mai	nie
preferisco mangiare	ich esse lieber ...	il parcheggio	der Parkplatz
		insieme a ...	zusammen mit ...
preferire	vorziehen, lieber tun	il vestito	das Kleid, der Anzug
cucinare	kochen	nel centro storico	im alten Stadtkern
		dalle ... in poi	ab ... Uhr
👥 3		mi sono riposato/-a	ich habe mich ausgeruht
in fabbrica	in die (der) Fabrik	divertirsi	sich vergnügen, sich amüsieren
la motocicletta	das Motorrad		
		mi piace	es gefällt mir
👥 4		piacere	gefallen
i parenti	die Verwandten		
		R	
5		la maggior parte	der größte Teil, die meisten
l'operaio	der Arbeiter	passato	vergangen
in provincia	in der Provinz, auf dem Land		
andare su e giù	hin- und herfahren	**👥 5**	
un'ora di viaggio	eine Stunde Fahrt	capire lo svedese	schwedisch verstehen
più comodo/-a	bequemer		
con il prezzo	bei dem Preis	**👥 6**	
costare (è costato)	kosten (es hat gekostet)	fare il militare	Wehrdienst leisten
finisco di ...	ich höre auf zu ...		
finire	aufhören, beenden	**7**	
ma	sondern [aber]	la maturità	das Abitur
cambiare treno	umsteigen (den Zug wechseln)	cercare	suchen [versuchen]
		giovane	jung
quando	wenn (zeitl.) [wann]	disoccupato	arbeitslos
presto	früh [bald]	facile	leicht
al panificio	in der Bäckerei	mi sono organizzato	ich habe mich eingerichtet
finisce	sie hört auf		
		essere in giro	unterwegs sein
6		comprare	kaufen
il comune	die Gemeinde, -verwaltung	il giornale	die Zeitung

l'annuncio	die Annonce, Anzeige	mentre	während (Konj.)
l'ufficio colloca-mento	das Stellenvermittlungs-büro	pulisce	sie macht sauber
		pulire	saubermachen
informarsi se	sich erkundigen ob	mettere a posto	in Ordnung bringen
tornare [ritornare]	zurückkommen	fare lo sport	Sport treiben
dò	ich gebe	troppo stanco/-a	zu müde
dare (unreg. wie stare)	geben	da qualche parte	irgendwohin
		ogni tanto	ab und zu, hin und wieder
semplice	einfach	altrimenti [se no]	sonst
il lavoretto	der Job (die kleine Arbeit)	la donna	die Frau
andare militare	zum Wehrdienst gehen	l'età	das Alter
		difficile	schwierig
R		il contatto	der Kontakt
l'occasione (w.)	die Gelegenheit	perciò [per questo]	deshalb, deswegen, daher
ambosessi	*beiderlei Geschlechts*	conoscere	kennen
senza esperienza	*ohne Erfahrung*		
il settore	*der Sektor*	**9**	
l'informatica	*die Informatik*	sessanta	sechzig
la tipografia	*die Druckerei*	settanta	siebzig
ore pasti	*während der Mahlzeiten*	vecchio/-a	alt
terza media	*(ital. 8. Schuljahr)*	nella città vecchia	in der Altstadt
la ricerca	*die Nachfrage*	monotono/-a	monoton
ricerca di personale	*Stellenangebote*	all'angolo	an der Ecke
la compagnia tea-trale	*die Theatergruppe*	avere da fare	zu tun haben
		da	zu (vor Verb) [von, zu, bei; seit]
la luce	*das Licht*		
coniugi anziani	*älteres Ehepaar*	ascoltare	anhören
la donna	*die Frau*	volentieri	gern
fisso	*fest*	la radio (w.!)	das Radio
casa di cura	*Privatklinik*	dall'altra parte	auf der anderen Seite
le vicinanze	*die Nähe, Umgebung*	i giardini pubblici	der Park (öffentl. Gärten)
l'assunzione imme-diata	*sofortige Anstellung*	leggere	lesen
		la rivista	die Zeitschrift
generico	*hier: ohne Ausbildung, un-gelernt*	il libro	das Buch
		il telegiornale	die Tagesschau
		sentire	hören
8		la notizia	die Nachricht
venuto (unreg.)	gekommen	il film d'amore	der Liebesfilm
ottanta	achtzig	l' amore (m.)	die Liebe
nell'83	im Jahre 83	il (film) giallo	der Krimi
la morte	der Tod	un'opera	eine Oper
da allora	seit damals	sul terzo pro-gramma	im 3. Programm
mi sono occupato/-a	ich habe mich beschäftigt		
la pubblicità	die Werbung	il programma (m.!)	das Programm
l'asilo	der Kindergarten	per lo più	meistens
per fortuna	zum Glück		

Vocabolario U 7

il vicino di casa	der Nachbar	**2**	
occupato/-a	beschäftigt [besetzt]	in fretta	in Eile, eilig
aiutare	helfen	alcune cose	einige Dinge
avere bisogno di …	… brauchen	sbrigare	erledigen
sentirsi	sich fühlen	con lui	mit ihm
suonare	klingeln (zum Klingen bringen)	una buona idea	eine gute Idee
		soprattutto	vor allem
sapere	erfahren [wissen]	con questa pioggia	bei diesem Regen
il, la, i, le loro	ihr/-e (Poss. Pl.)		
la chiave	der Schlüssel	**3a**	
		come va?	wie geht's?
R		vogliamo … (volere)	wollen wir … (wollen)
ognuno	jeder(mann), ein jeder	la partita (di calcio)	das Fußballspiel
		piovere	regnen
7			
la politica	die Politik	**3b**	
la storia	die Geschichte	il tempo è bello	das Wetter ist schön
la filosofia	die Philosophie	con te	mit dir
la danza	der Tanz	allo stadio	ins Stadion
il folklore	die Folklore	andare in giro	einen Stadtbummel machen
l'archeologia	die Archäologie	con loro	mit ihnen
mobili antichi	antike Möbel	da te	zu dir

Unità 8

		4	
		senti	hör' mal
la proposta	der Vorschlag	con noi	mit uns
		il teatro	das Theater
1		da lei	bei ihr
al Palazzetto (dello Sport)	im Sportpalast	compiere gli anni	Geburtstag haben
		una bell'idea	eine prima Idee
cantare	singen		
per me	für mich	**R**	
usciamo	wir gehen aus	ho compiuto … anni	ich bin … Jahre alt geworden
uscire (unreg.) [andare fuori]	ausgehen		
che peccato!	wie schade!	**R**	
il biglietto	die Eintrittskarte [Fahrkarte]	il successo	der Erfolg
		il film più bello	der schönste Film
è un vero peccato	es ist wirklich schade	indimenticabile	unvergeßlich
un'altra volta	ein andermal	la storia d'amore	die Liebesgeschichte
		5	
R		avere voglia di …	Lust haben zu …
poltroncina	hier: Parkettplatz	con me	mit mir
valere	gelten	al cinema	ins Kino

ho sentito che ...	ich habe gehört, daß	notizie sulla situazione internazionale	Nachrichten über die internationale Situation
danno	sie geben, es wird gegeben, es läuft	come vanno le cose?	wie läuft's? wie geht's wie steht's?
mi dispiace moltissimo	es tut mir furchtbar leid		
l'ospite (m. und w.)	der Gast	**1**	
a cena	zum Abendessen	un'ottima idea	eine ausgezeichnete Idee
da voi	bei euch / bei Ihnen	possiamo	wir können
6a		**7**	
disturbare	stören	c'è il sole	die Sonne scheint
da poco	seit kurzem	abbastanza	genug [ziemlich]
il mercato	der Markt	se c'è abbastanza neve	wenn es genug Schnee gibt
pensare	denken		
veramente [proprio]	wirklich	la neve	der Schnee
		potete	ihr könnt
fa bel tempo	es ist schönes Wetter	portare	mitbringen [bringen]
		la slitta	der Schlitten
R		può	er kann
la folla	*die Menschenmenge*	fa brutto	es ist schlechtes Wetter
alla piscina di ...	im Schwimmbad von ...	ci sentiamo	wir hören voneinander
6b		**R**	
con questo caldo	bei dieser Hitze	la pista	die Piste
in piscina	ins Schwimmbad	*lo slittino*	*der kleine Schlitten*
posso	ich kann	la regione	die Region
potere	können	più	am meisten [mehr]
al mercato	auf den Markt	in difficoltà	in Schwierigkeiten
6c		*l'Alto Adige*	*Südtirol*
giocare a tennis	Tennis spielen	*ghiacciato*	*vereist*
il suo ragazzo	ihr (fester) Freund	la crisi	die Krise
con questo tempo	bei diesem Wetter	*la stagione sciistica*	*die Skisaison*
con voi	mit euch		
		8	
R		passare	verbringen [vorbeigehen]
millenovecentosessanta	1960	dato che [siccome]	da (Konj.)
registrare	registrieren	in Riviera	an der Riviera
la temperatura alta	die hohe Temperatur	fa caldo	es ist warm
nel Sud	im Süden	c'è vento	es ist windig
la spiaggia	der Strand	fare il windsurf	surfen
		puoi	du kannst
R		in campeggio	auf dem Campingplatz
proprio	gerade, ausgerechnet [wirklich]	l'acqua	das Wasser
		freddo	kalt

fare il bagno	baden	**12 a**	
nel tardo pome-	am späten Nachmittag	non ... nulla [niente]	nichts
riggio		l'atto unico	der Einakter
9		in platea	im Parkett
possono	sie können	una tua risposta	eine Antwort von dir
la gita	der Ausflug		
il vaporetto	der Dampfer	**R**	
fare un giro per ...	eine Rundfahrt durch ... machen	la stagione lirica	die Opernsaison, -spielzeit
		il teatro comunale	das Stadttheater
👥 2		*l'ente autonomo*	*die selbständige Körper-schaft*
ballare	tanzen		
fare lo sci d'acqua	Wasserski fahren	**12 b**	
fare (il) jogging	joggen	il bigliettino	der Zettel
		un nostro amico	ein Freund von uns
R		davanti a ...	vor (räuml.)
l'escursione (w.)	Ausflug, Fahrt		
parco giochi	Spielplatz	**R**	
il gioco	das Spiel	settemila	7000
vietato [proibito]	verboten	la chitarra	die Gitarre
calcio	Fußball	*con consumazione*	*mit Verzehr*
ciclismo	Radfahren	*musica leggera*	*Unterhaltungsmusik*
pattinaggio	Rollschuhfahren	il servizio	die Bedienung [der Dienst]
pallavolo	Volleyball	la cucina	die Küche
pallacanestro	Korbball, Basketball	l'incontro	die Begegnung
pallamano	Handball	il ballo	der Tanz
la parola	das Wort	*il ballo liscio*	*der klassische Tanz*
		il cabaret	das Kabarett
10		la chiusura	die Schließung
giocare a bocce	Boccia spielen	per chi	für diejenigen, die
non ... nessuno	keiner, niemand	*tratto dal romanzo di ...*	*nach dem Roman von ..*
nel giardino	in den (im) Garten	il romanzo	der Roman
👥 3		celebre	berühmt
giocare a carte	Karten spielen	*il vedovo*	*der Witwer*
		sulla costa	an der Küste
11			
fare lo sci nautico [sci d'acqua]	Wasserski fahren	**13**	
		dove si va [dove andiamo]?	wohin gehen wir?
non ... niente	nichts	lo spettacolo in piazza	die Vorstellung im Freien, das Straßentheater
non ... neanche	auch nicht		
l'altro ieri	vorgestern	sapere	erfahren [wissen]
si è ammalata	sie ist krank geworden	ho saputo da ...	ich habe erfahren von ...
ammalarsi	krank werden	il gruppo teatrale	die Theatergruppe
all'improvviso	plötzlich		

che c'è di bello da vedere	was gibt's Schönes zu sehen
sul giornale	in der Zeitung

R

tutto esaurito	alles ausverkauft

14
alla TV	im Fernsehen
niente di divertente da …	nichts Unterhaltsames (Amüsantes) zu …
che si fa	was macht man / machen wir
è tanto che si va	es ist lange her, daß man geht / wir gehen

15
in paese	im Dorf [Land]
piuttosto	statt dessen, lieber
più comodo	bequemer

16
caro!	Liebster!
non … neanche	nicht einmal [auch nicht]
invece	stattdessen [hingegen, dagegen]
qualcosa di buono da …	etwas Gutes zu …
letto (leggere)	gelesen
le manifestazioni culturali	Kulturveranstaltungen
dire (unreg.)	sagen

R

cosa [che, che cosa]	was?
la fotografia	die Fotografie, das Foto
è in corso	es läuft
l'immagine (w.)	das Bild
esistere	existieren, leben
la visita	der Besuch, die Besichtigung
odierno	heutig
la visita guidata (guidare)	die Führung (führen; fahren)

5
all'aperto	im Freien
uscire in (con la) barca [andare in barca]	Boot fahren
uscire in (con il) windsurf [fare il windsurf]	surfen

17
visto (vedere)	gesehen
quello che	was (im Nebensatz; das, was)
scritto (scrivere)	geschrieben
la combinazione	hier: Pauschalangebot
centomila	hunderttausend

18
esci? (uscire) [vai fuori]	gehst du aus?
decidere	entscheiden
possiamo decidere che cosa fare	wir können entscheiden, was wir machen
detto (dire)	gesagt
i soldi	das Geld
fatto (fare)	gemacht
stare in giardino	im Garten sein
dalla Calabria	aus Kalabrien
improvvisare	improvisieren
avvisare	benachrichtigen
gli altri	die anderen
essere di ritorno	zurück sein
ci sentiamo	wir hören voneinander

R

le meraviglie	die Wunder

19
il canale	Kanal, (Fernseh)Programm
la trasmissione	die Sendung
si possono fare tante altre cose	man kann viele andere Dinge tun
la serata	der Abend (Verlauf)
la passeggiata	der Spaziergang
nei dintorni	in die Umgebung

Vocabolario U 8   167

trattoria all'aperto	Gasthaus, wo man im Freien sitzen kann

6

esco	ich gehe aus
esce	Sie gehen aus (Sg.)
uscite	ihr geht aus

Unità 9

invitare	einladen

1

cenare	Abendbrot essen
i tortelloni	die Tortelloni
alla panna	in Rahmsauce
la sfortuna	das Pech
devo	ich muß
dovere	müssen
registrare	aufnehmen

2

il pasticcio	die Pastete, der Auflauf
i broccoli	die Brokkoli
accettare	annehmen
devi	du mußt
all'esposizione	auf der Ausstellung

3

grazie di tutto	danke für alles
deve	Sie müssen
il pollo arrosto	das Brathuhn
l'invito	die Einladung
rifiutare	ablehnen
dobbiamo	wir müssen
la fiera	die Messe

4

i cannelloni	die Cannelloni (gefüllte Teigröllchen)
l'insalata	der Salat
dovete	ihr müßt
disturbare	stören
scherzare	scherzen, Spaß machen

essere contenti di ...	zufrieden, froh sein zu ...
devono	sie müssen
stare a dieta	eine Diät machen

1

la telefonata	der Anruf

5

rimanere (unreg.) [restare]	bleiben
prendere il sole	sich sonnen
il faro	der Leuchtturm
provare	probieren
sarebbe	es wäre
ringraziare qualcuno	jemandem danken
entro	innerhalb (zeitl.), bis
la canzone popolare	das Volkslied
prima di (+ Inf.)	bevor
la frittura di pesce	gebackene Fische
il pesce	der Fisch

6

il convegno	die Tagung
sarei	ich wäre
durare (è durato)	dauern (es hat gedauert)
la discussione	die Diskussion
non fa niente	das macht nichts
chiacchierare	plaudern, schwätzen
vi aspetto	ich erwarte euch, ich warte auf euch
in serata	im Laufe des Abends

7

tutti quanti	alle miteinander
farsi una bella mangiata	etwas Gutes essen
la mozzarella	der Mozzarella (ital. Käsespezialität)
il formaggio	der Käse
i pomodori	die Tomaten
melanzane (w. Pl.)	Auberginen, Eierfrüchte
il cocomero	die Wassermelone

la parmigiana	ital. Gericht aus Auberginen, Tomaten, Mozzarella
li	sie (Akk. m. Pl.)
la	sie (Akk. w. Sg.)
lo	ihn (Akk. m. Sg.) [es]
la prova	die Probe

4
le	sie (Akk. w. Pl.)

8
entrare	hereinkommen, eintreten
proprio adesso	gerade jetzt, jetzt eben
la stanza [la camera]	das Zimmer
come hai fatto a …	wie hast du es fertiggebracht zu …
all'ultimo momento	im letzten Augenblick
impossibile	unmöglich
scherzi a parte	Scherz beiseite
naturalmente	natürlich
la critica	die Kritik
diciamo	sagen wir …
un bacione	einen dicken Kuß

9a
nell'ultimo periodo	in der letzten Zeit
invitare a …	einladen zu …
conoscere	kennenlernen [kennen]
allegro/-a	heiter, fröhlich
simpatico/-a/-i/-he	sympathisch
in quattro	zu viert
mentre	während (Konj.)
fa fresco	es ist frisch
la ragione	der Grund
una ragione di più	ein Grund mehr
venire qui	hierher kommen
l'abbraccio	die Umarmung

9b
contento/-a di	froh über (zufrieden mit)
rallegrarsi	sich freuen
sarebbe ideale	es wäre ideal
non vedere l'ora	es kaum erwarten können

R
aria fresca	frische Luft
la nuvola	die Wolke

10
superare gli esami	das Examen, die Prüfungen bestehen
superare	überwinden
la laurea	Abschlußexamen an der Uni
festeggiare	feiern
prima	früher [vorher, erst]
cordiale [affettuoso]	herzlich (Adj.)
il piatto	der Teller
bastare (è bastato)	genügen (es hat genügt)

11
la riga	die Zeile
comunicare	mitteilen
l'esame finale (m.)	das Abschlußexamen, die Abschlußprüfung
il diploma (m.!)	das Diplom
diventare	werden
la traduttrice	die Übersetzerin
l'interprete	der / die Dolmetscher/-in
a pieno titolo	mit (vollem) Titel
l'avvenimento	das Ereignis
senza formalità	zwanglos
l'allegria	die Fröhlichkeit
gli amici più cari	die liebsten Freunde
tra [fra]	unter [zwischen, in]
lieto/-a di … [contento di …]	froh zu …
è chiaro che	es ist klar, daß
valere	gelten
la conferma	die Bestätigung
cordialmente	herzlich (Adv.)

R
il risparmio	die Ersparnis
squisito/-a	*exquisit*
la torta	die Torte
il regalo	das Geschenk
in regalo	als Geschenk

12a

ci sposiamo	wir heiraten
sposarsi	heiraten
il municipio	das Rathaus
la cerimonia	die Trauung
direttamente	direkt (Adv.)

12b

essere presenti a ...	dabei sein, anwesend sein bei ...
le nozze [il matrimonio]	die Hochzeit
salutare	grüßen
affettuosamente	herzlich (Adv.)

12c

rinunciare a ...	verzichten auf ...
rinunciare all'invito	die Einladung ablehnen
la varicella	die Windpocken
trascorrere [passare]	verbringen
la giornata di festa	der Festtag
i migliori auguri	die besten Wünsche
il bacio	der Kuß

R

annunciare	anzeigen, bekanntgeben
salutare	begrüßen [grüßen]

13

stare finendo	gerade fertigmachen
montare	montieren, zusammensetzen
tanto più che	um so mehr als

14

organizzare	organisieren
una festicciola	ein kleines Fest
le lasagne	die Lasagne (ital. Nudelgericht, -auflauf)
venire su	heraufkommen
scrivere una relazione	einen Bericht schreiben
finché	bis (Konj.)
ho risolto il problema	ich habe das Problem gelöst
risolvere	lösen
il problema (m.!)	das Problem
pensare a ...	denken an ...
poveretta!	du Ärmste!
mi faccio sentire	ich lasse von mir hören, ich melde mich
farsi sentire	von sich hören lassen

15

che cosa stai facendo?	was machst du gerade?
niente di speciale	nichts Besonderes
essere in cucina	in der Küche sein
il minestrone	die dicke Gemüsesuppe
saltare	überspringen
il secondo (piatto)	der 2. Gang
fare compagnia	Gesellschaft leisten
raccontare	erzählen

16a

Egregio ...	Sehr geehrter ...
venire a sapere [sapere] da ...	erfahren von ...
con cui	mit dem ... (relativ)
avere intenzione di ...	die Absicht haben zu ...
un periodo più lungo	eine längere Zeit
l'occasione (w.)	die Gelegenheit
la calma	die Ruhe
i colloqui d'affari	die geschäftlichen Gespräche
gli affari	die Geschäfte
in ditta	in der Firma
La	Sie (höfl. Anrede Sg. Akk.)
in campagna	auf dem Lande
la durata	die Dauer
il soggiorno	der Aufenthalt
nella speranza	in der Hoffnung
in attesa	in Erwartung

16b

La ringrazio	ich danke Ihnen
solito	gewöhnlich, üblich (Adj.)
mandare	schicken

17

Gentile ...	Sehr geehrte, sehr verehrte ...
trasferirsi	umziehen (in eine andere Stadt)
a causa di ...	wegen
avendo il desiderio	da wir den Wunsch haben
salutare ...	s. verabschieden von ... [begrüßen, grüßen]
con cui	mit denen ... (relativ)
festa di addio	Abschiedsfest
a cui	zu dem ... (relativ)
avere luogo	stattfinden
il locale	das Lokal
sperare	hoffen
la risposta positiva	die Zusage
con affetto [affettuosamente, cordialmente]	herzlich (Adv.)

Unità 10

1

ti	dir [dich]
offrire	anbieten
qualcosa da bere	etwas zu trinken
l'aperitivo	der Aperitif
forte	stark
l'analcoolico	alkoholfreier Aperitif
ti va?	ist es dir recht?
bevo	ich trinke

2

bevete	ihr trinkt
la spremuta d'arancia	der Orangensaft (frisch gepreßt)
il succo di albicocca	der Aprikosensaft (haltbar, in Fläschchen)
la sete	der Durst
bevi	du trinkst

R

vario/-a [diverso]	verschieden
la bevanda, la bibita	das Getränk
dissetante	*durstlöschend*
bevuto	getrunken
evitare	vermeiden
i superalcolici	*«harte» (alkoholreiche) Getränke*
il vetro	das Glas
sì, grazie	ja, bitte
la birra	das Bier
il succo di frutta	der Obstsaft, Fruchtsaft
oppure	oder aber
l'aranciata	der Orangensprudel
la limonata	der Zitronensprudel
magari	warum nicht, vielleicht
la coca	die Coca-Cola
importante	wichtig
intorno a ...	um ... herum
a tavola	bei Tisch, zum Essen
gustoso/-a	schmackhaft
appetitoso/-a	*appetitlich*
sano/-a	gesund
genuino/-a	unverfälscht, echt
leggerissimo	sehr leicht
il grado	der Grad
va benissimo con ...	paßt sehr gut zu ...
il piatto	das Gericht [der Teller]
meraviglioso/-a	wunderbar
la stagione	die Jahreszeit
il produttore	*der Produzent*

👥 1

la pesca	der Pfirsich
il limone	die Zitrone
il pompelmo	die Pampelmuse
la camomilla	der Kamillentee, die Kamille
l'acqua minerale	das Mineralwasser
l'acqua tonica	das Tonic-Wasser
lo spumante	der Schaumwein

3

la fame	der Hunger
Le	Ihnen (höfl. Anrede Sg. Dativ)
se non Le dispiace	wenn es Ihnen nichts ausmacht
leggero/-a	leicht
problemi di digestione	Probleme mit dem Magen (Verdauungsprobleme)
la digestione	die Verdauung
come primo (piatto)	als 1. Gang
la minestra	die Suppe
la pasta al burro	Nudeln mit Butter
per secondo	als 2. Gang
la fettina	das Schnitzel (die Scheibe)
il vitello	das Kalb
la verdura cotta	das gekochte Gemüse

R

rovinare i nervi	die Nerven kaputt machen, ruinieren
perdere	verlieren [verpassen]
rosa	rosa
i campioni	die Sieger, die Gewinner (eines Turniers)
la vittoria	der Sieg

👥 3

il panino	das Brötchen
la cioccolata	das Schokoladengetränk
il risotto	das Reisgericht
la pasta asciutta	ital. Nudelgerichte

4

i crauti	das Sauerkraut
le patate	die Kartoffeln
Le piace?	schmeckt es Ihnen?
piacere	schmecken [gefallen]
(è piaciuto/a)	(hat geschmeckt / gefallen)
mi piacciono	schmecken mir
la carne di maiale	das Schweinefleisch
in modo particolare	auf besondere Art
la specialità	die Spezialität
assaggiare	kosten

5

i ravioli	die Ravioli (gefüllte Teigtaschen)
il brodo	die Brühe
il fegato	die Leber
la polenta	die Polenta (Maisgericht)
gli	ihnen (Dativ)
la salsa	die Soße
le	ihr (Dativ)
due spaghetti	ein paar Spaghetti
la pappa	der Brei
gli	ihm [ihnen]

R

il cesto del pic-nic	der Picknick-Korb
il pasticcio di fegato	die Leberpastete
occorrente	nötig, erforderlich
pane a cassetta	das Toastbrot (weißes Kastenbrot)
il sale	das Salz
il ripieno	die Füllung
il cucchiaio	der (große) Löffel
l'aceto	der Essig
la cipolla	die Zwiebel
un rametto di salvia	ein (frischer) Salbeizweig
una foglia d'alloro	ein Lorbeerblatt
la pancetta	Schweinebauch, Bauchfleisch
a fettine	in Scheiben
il bicchierino	das Gläschen
la lingua salmistrata	gepökelte Zunge
tagliare	schneiden
una costa di sedano	eine Stange Bleichsellerie
i pistacchi	Pistazienkerne

👥 4

la ricotta	der Molkenkäse (ital. Spezialität)
il prosciutto	der Schinken
le olive	die Oliven

👥 5

i calamari	die Tintenfische
i peperoni	der Paprika
gli spinaci	der Spinat

gli asparagi	der Spargel	i pezzetti	die Stückchen
gli zucchini	die Zucchini	un filo d'olio	etwas Öl
le carote	die Möhren, Karotten	lo strato	die Schicht
		coprire	bedecken
6		cuocere	hier: garen
volete	ihr wollt / Sie wollen	scaldato a …	erhitzt auf …
scherzare	scherzen, Spaß machen	servire	servieren
i saltimbocca	ital. Kalbfleischspezialität (mit Schinken und Salbei)	**8**	
		spaghetti all'aglio e olio	Spaghetti mit Knoblauch und Öl
le scaloppine al marsala	Kalbsmedaillons in Marsalasoße	penso di sì	ich denke, ja
preparare la tavola	den Tisch decken	chiedere [domandare] qualcosa a qualcuno	jemanden nach etwas fragen
desiderare	wünschen		
dopo mangiato	nach dem Essen	**R**	
far(e) vedere	zeigen	la qualità	die Qualität
		dipendere da	abhängen von
7		il bicchiere	das Glas
vuole …?	wollen Sie …?	il cucchiaio	der Löffel
le sardine	Sardinen		
voglio	ich will	**👥 6**	
la ricetta	das Rezept	il contorno	die Beilage
pronto	fertig, bereit	l'antipasto	die (kalte) Vorspeise
una quarantina di …	ungefähr 40 …	lo spezzatino	ital. Gulaschgericht
		lo zabaglione	warme Weinschaumcreme (mit Marsala)
R			
in forno	im Backofen	i piselli	die Erbsen
gli ingredienti	die Zutaten	i fagioli	die Bohnen
due cucchiaiate	zwei Löffel voll	le melanzane	die Auberginen, Eierfrüchte
il pangrattato	die Semmelbrösel, das Paniermehl		
		9	
la scatola	die Büchse	la fragola	die Erdbeere
pomodori pelati	geschälte Tomaten	la panna	die Sahne
un mazzetto di prezzemolo	ein Sträußchen Petersilie	ne	davon
tritato	gehackt	**10**	
uno spicchio d'aglio	eine Zehe Knoblauch	in frigo(rifero)	im Kühlschrank
l'olio	das Öl	la peperonata	gedünstete Paprikaschoten mit Zwiebeln und Tomaten
il pepe	der Pfeffer		
l'esecuzione (w.)	die Ausführung		
scolare	abtropfen	essere [stare] a dieta	auf Diät sein
mettere nel tegame	in die Backform geben		
aggiungere	hinzufügen	la rovina	der Ruin
sul fondo	auf den Boden		

R
magro — dünn, mager
la volontà — der Wille

il pane tostato — das getoastete Brot
il cucchiaino — der kleine Löffel
il miele — der Honig
la banana — die Banane
il prosciutto crudo — der rohe Schinken
il melone — die Honigmelone
un bicchiere — ein Glas
il vino bianco — der Weißwein
sorseggiare — schluckweise, in kleinen Schlucken trinken

grosso/-a — dick
l'anguria [il cocomero] — die Wassermelone
la porzione — die Portion
medio/-a — durchschnittlich
grigliato — gegrillt
bollito — gekocht
il cetriolo — die Gurke
condire — anrichten, würzen
la macedonia — der Obstsalat
coricarsi — sich hinlegen
l'infuso — der Tee
tiepido — lau
la menta — die Pfefferminze
con aggiunta — als Zusatz, und dazu ...
la fetta — die Scheibe

7
il dolce — die Nachspeise
l'amaretto — ital. Mandellikör
lo strudel — der Apfelstrudel
i peperoni ripieni — die gefüllten Paprika
le cozze — die Muscheln
un pezzo — ein Stück
una tazza — eine Tasse
due dita (il dito) — ein paar Schluck (der Finger)

11
il tramezzino — belegte dreieckige Weißbrotscheiben

la bistecca — das Steak
le ciliege — die Kirschen
ne ho voglia — ich habe Appetit darauf
il vino rosso — der Rotwein

R
(prosciutto) crudo — roher Schinken

8
l'uva (Sg.!) — die Weintrauben
i fichi — die Feigen

12
se vogliono — wenn Sie wollen (offizielle Anrede Pl.)
offrire Loro — Ihnen anbieten (offizielle Anrede Pl.)
vitello tonnato — Kalbfleisch (kalt) in Thunfischsoße
il pinzimonio — Vorspeise aus rohen Gemüsen
crudo/-a — roh
il sale — das Salz
mostrare [far vedere] — zeigen

9
il radicchio — der Radicchio (Salat)
il fritto misto — gemischte gebackene / frittierte Fische
il vino locale — Tischwein der Gegend, Landwein
l'insalata mista — der gemischte Salat
la caciotta — ital. Weichkäse-Sorte
la zuppa verde — Suppe aus frischen Gemüsen
i bocconcini — (Mozzarella)-Häppchen
le tagliatelle — Bandnudeln
le penne — Röhrennudeln (Form wie Federkiel)
le fettuccine — breite Nudeln
la sogliola — die Seezunge
un litro — ein Liter
un goccio — ein Schluck
una bottiglia — eine Flasche

13

l'aiuto	die Hilfe
dare una mano	helfen
ne ho voglia	ich habe Lust dazu [Appetit darauf]
mettere via	wegstellen, wegtun
la roba (Sg.!)	die Sachen
sul tavolo	auf dem Tisch
i bicchieri	die Gläser
vanno lì in alto	gehören da oben hin
lì in basso	da unten (hin)
già che ci sei	da du einmal da bist
accendere	anmachen, anzünden
il fuoco	das Feuer
sotto	unter
la pentola	der Topf
in quanti siamo?	zu wievielt sind wir?
hanno suonato	es hat geklingelt
la porta	die Tür

14

sentire da ...	hören von ...
La posso aiutare?	kann ich Ihnen helfen?
Le occorre ...? [ha bisogno di ...]	brauchen Sie ...?
l'aspirina	das Aspirin, die Schmerztablette
lo sciroppo per la tosse	der Hustensaft
la ricetta	das Rezept
Le serve ...? [Le occorre]	brauchen Sie ...?
mi servono delle banane	ich brauche Bananen
la mela	der Apfel
tenere (unreg.: wie venire)	behalten, auf jdn. aufpassen
necessario	nötig

15

essere utile	nützlich / behilflich sein
in qualche modo	auf irgendeine Weise / Art
il guasto	der Schaden, die Panne
il motore non parte	der Motor springt nicht an
strano	seltsam

il rumore	das Geräusch, der Lärm
così gentile da ...	so freundlich zu ...
senz'altro	ohne weiteres, natürlich

16

successo (succedere)	passiert, geschehen (passieren, geschehen)
scorso [passato]	vergangen
preso (prendere)	genommen
grave	schlimm, ernst
da allora	seitdem (Adv.)
in officina	in der Werkstatt
pronto/-a	fertig
mi serve ...	ich brauche
la rabbia	die Wut
prestare	leihen, borgen
ne ho bisogno	ich brauche es (habe daran Bedarf)
che ne dici?	was sagst du dazu?, was hältst du davon?

10

il latte	die Milch

17

che ci fai qui?	was machst *du* denn hier?
il motorino	der Motorroller
funzionare	funktionieren
il motorino non mi funziona	mein Motorroller ist nicht in Ordnung
dare un passaggio a qualcuno	jdn. mitnehmen
da quelle parti	in dieser Gegend
che faccio di ...	was mache ich mit ...
lascia!	laß'!
apri!	öffne!
dietro	hinten (hinter)
ecco fatto	so, erledigt!

18

la coppia	das Paar
la riunione	die Versammlung, Konferenz
mettere in ordine [... a posto]	in Ordnung bringen

dimenticare	vergessen
l'uovo	das Ei
le uova	die Eier
lo zucchero	der Zucker
il sedano	der Bleichsellerie, Stangensellerie
la cipolla	die Zwiebel
lavare	waschen, spülen
pulisci!	mach' sauber!
fa'!	mach!
da'!	gib!
ci penso	ich denke daran
il più presto possibile	so bald wie möglich
tranquillo/-a	ruhig

R

regalare	schenken
la lavastoviglie	die Geschirrspülmaschine
le stoviglie	das Geschirr

oddio	oh Gott
le posate	das Besteck
il pulito	*hier: die Sauberkeit*
lo splendore	*der Glanz*
eccezionale	außergewöhnlich
l'igiene (w.)	*die Hygiene*
il lavaggio a mano	die Wäsche, das Spülen mit der Hand
lo spazio	*der Raum*
continuare il discorso	in der Unterhaltung fortfahren
da sola [sola]	*allein (Adv.)*
in silenzio	in Ruhe, geräuschlos
tanto c'è	es gibt ja schließlich
migliorare	verbessern

 12

essere d'aiuto	behilflich sein
cambiare	(aus)wechseln [umbuchen, ändern]

Quellenverzeichnis

Fotos

Seite 15 links: Giorgio Albonetti, Roma; **15** rechts: E.N.I.T., München; **18** oben: Armin Jetter, München; **18** unten: Armando Braulin, Trieste; **19** oben: Giorgio Albonetti, Roma; **19** unten und **22** links oben/unten: Armin Jetter, München; **22** rechts oben: Chiara de Manzini, Meerbusch; **22** rechts unten: Rudi Frey, © A. Mondadori, Milano; **23**: Giorgio Albonetti, Roma; **26** oben: Mauro Vallinotto, © Panorama, Milano; **26** unten und **31**: Giorgio Albonetti, Roma; **32** links: Chiara de Manzini, Meerbusch; **32** rechts und **33** rechts: Armin Jetter, München; **34**: Armando Braulin, Trieste; **35**: Prenzel-IFA München; **40**: © M. Thomas, München; **45**: aus «Italia dal cielo» von Folco Quilici/De Donato SpA, Bari; **46**: Gabriella Mercadini, Roma; **47** oben: aus «Italia dal cielo»; **47** unten: aus «Italia mia» von Gina Lollobrigida; **48**: Sandra Onofri, © adn kronos, Roma; **50**: Armando Braulin, Trieste; **53**: E.N.I.T., München; **57**: aus «La Napoli di bellavista» von Luciano de Crescenzo/A. Mondadori Editore SpA, Milano; **62**: Catherine Bruzzone, London; **66**: Adriano Alecchi, © Panorama, Milano; **72**: aus «La Napoli di bellavista»; **75** unten und **76** oben: Chiara de Manzini, Meerbusch; **76** unten: Mauro Vallinotto, © Panorama Milano; **78** oben: Armin Jetter, München; **78** unten: Armando Braulin, Trieste; **80, 82**: Mauro Vallinotto, Milano; **83, 84**: Chiara de Manzini, Meerbusch; **86**: Mauro Vallinotto, Milano; **87**: Chiara de Manzini, Meerbusch; **89**: Foto Rice, Trieste; **90**: Armin Jetter, München; **93**: © Quino/Quipos, Milano; **95**: Reinhild Jetter, München; **115**: Foto Rice, Trieste; **116**: Studio Teubner, Füssen; **120**: Prenzel-IFA, München; **121** links: Münchener Kammerorchester; **121** rechts: Fremdenverkehrsverband für Wien; **129**: Studio Teubner, Füssen; **132**: Catherine Bruzzone, London; **137**: Giuseppe Arcimboldi (1527–1593): Rodolfo II d'Asburgo.

Informationstexte, Schlagzeilen, Werbungen und andere Realien
aus folgenden Quellen (Tageszeitungen, Zeitschriften, Broschüren):

Annabella, Milano; *Il Corriere della Sera*, Milano; *E.N.I.T.*, Staatl. Italien. Fremdenverkehrsamt, München; *Epoca*, Milano; *L'Espresso*, Roma; *L'Europeo*, Roma; *Il Giornale*, Milano; *Incontri*, Berlin; *Lei*, Milano; *Il Mattino*, Napoli; *Il Messaggero*, Roma; *Panorama*, Milano; *Il Piccolo*, Trieste; *Qui Touring*, Milano; *La Repubblica*, Roma; *La settimana enigmistica*, Roma; *La Stampa*, Torino; *L'Unità*, Roma – sowie aus Werbe- und Informationsmaterialien von Theatern, öffentlichen Verkehrsmitteln etc.